I've Got Something to Say!

How Student Voices Inform Our Teaching

David Booth

私にも言いたいことがあります!

生徒の「声」をいかす授業づくり

デイヴィッド・ブース
飯村寧史・吉田新一郎 訳

新評論

はじめに

二〇年ほど前、幸運にも私は「ピール・トーク（話す・聞く）・プロジェクト」[1]に参加し、オンタリオ州の教育機関に属するアクションリサーチチームの一員として仕事をしました。ピール教育委員会には二〇〇人の教師がいて、みんなが「教室での話し合いにおける授業づくりの検討・実践を行うアクションリサーチ研究」に熱中していました。そこで、話す・聞くことの双方的な学習を促進する方法を探究していたのです。

そして、多彩なミーティングや教員研修の機会[2]を経て、観察や発見、振り返りなどの結果を共有しました。教室での話し合いの価値について、それぞれに素晴らしい発見がありました。これ

（1）アクションリサーチと研究授業を中心にした校内研究の違いは大きいです。日本も、前者に移行する時期に来ています。研究授業、校内研究、公開研究会は、特定の授業が目的化される「イベント」になりがちで、生徒たちへの還元が少ないことがあります。それに対して、アクションリサーチはあくまでもアクション（実践）が中心なので、生徒たちに還元されないようなことは最初から排除されています。詳しくは、『シンプルな方法で学校は変わる』（吉田新一郎ほか、みくに出版、二〇一九年）の四〇～四四ページを参照ください。

（2）日本とはまったく異なる多様かつ効果的な教員研修のやり方についての情報は、『「学び」で組織は成長する』（吉田新一郎、光文社新書、二〇〇六年）で得られます。

が、「トーク（話す・聞く）カリキュラム」と呼ばれるものになりました。

プロジェクトから年数が経ったこともあり、ピール教育委員会の多くの学校では、生徒同士の学びのプロセスについてさらに掘り下げられていました。何人もの教師が同僚とともに話し合いの授業を録画し、教育課程のさまざまな要素の中核としてこの「話す・聞く活動」を発展させ、レポートを書いています。その焦点は「生徒の能動的な話し合い」でした。

当時の文章や録画を振り返ってみると、どうやら私自身は、「話し合い」から生徒の「声」[3]そのものに焦点を絞りたかったということに気づきました。生徒がある話題についての考えや感想を述べ、自らに引き付けて考えるように励ます授業が創造できる可能性がそこにあるからです。

生徒は「声」を発する多くの方法をもっています。単に授業で読んだもの、見たものへ反応を示すことから、クラスづくりにかかわることまで大きな広がりが見られます。生徒に自身を語る機会をつくってあげることができれば、きっと自己効力感（目標を達成する能力があることへの自信）の発達を促すことができるでしょう。

二〇一三年の今、私が観察させてもらったり、協働で授業を行ったり、あるいは私の著書に論文を書いたりした教師のみなさんの対話的な授業実践の記録を見直しています。そして、「ピール・トーク・プロジェクト」のことを思い出しています。教師の探究記録を再読すると、生徒の「声」を組み込み、より健全な学校をつくりあげる「授業の力」を確かに感じます。現在もなお、生徒とともに対話的な授業の開発を進めている教師がいます。そうした人々の教育に対するアイディアをもっと前に進めたいとも思いました。

私は、過去に発信されていた教師たちの声と、今日の教師たちが教室から発信している提案が共鳴することを期待しています。対話的な学びこそが教育の変遷過程における重要な要素であると、きっと気づくことでしょう。

本書は一〇章からなっています。そのすべてが、教室に「選択」と「声」をもたらす授業をつくりだそうとする試みとなっています。各章とも生徒の声の引用からはじまっています。私が教師のそばで見聞きした、教室での記録やジャーナル(4)からもたらされたものです。インタビューから、文学についての話し合いから、自らの語りから、そしてロールプレイの台詞からとさまざまですが、すべての「声」が生徒によるリアルな言葉となっています。双方向的であり、深い考えが要求され、価値ある出来事に夢中になっている様子が再現されています。学びと人生について、生徒が自らの考えを口にしているのです。

---

(3) 原語は「Voice」です。考え、意見、発言(権)なども訳せますが、本書ではそれらも含めた生徒たちの「声」を大切にする姿勢を取りたいと思います。

(4) 実践日誌のようなものです。日々記録をつけ、振り返りと変容のための材料とします。詳しくは『シンプルな方法で学校は変わる』(前掲)の「ジャーナルのすばらしさ」(二九～三五ページ)を参照してください。

本書では、「声に出すこと」と「選択すること」を支える「トーク（話し合い＋読む書く）活動」を授業で実現するためのさまざまな方法を紹介していきます。そのうちの多くが、二五年以上にもわたる教室実践から導きだされたものです。教室での話し合いからブログまで、仲間づくりから社会的な活動まで、多岐に及んでいます。各章の終わりには、あなたの教室で生徒の声を活性化するための「振り返り」を設けていますので、その都度確認をしてください。

教育の変化やトレンドについて研究している人たちであれば、「生徒の声こそが効果的な教室の学びの中心である」という考え方を支持するでしょう。実際、現場の教師であればご存じのとおり、生徒が学校生活で主体性を発揮できると感じたり、自分の言いたいことを安心して聞いてもらえると感じたりするとき、教室は「生きた学びの場」となります。私たち教師が、双方向的で、サポート的で、身近なことにチャレンジできるような授業を確立することができれば、生徒はきっと「私にも言いたいことがあります！」と言い放ってくれることでしょう。(5)

(5) 翻訳協力者から、「皮肉なことに、コロナ禍によって職員室では授業に関する会話が増えています。また、休校が理由で新しいICT対応を学びはじめる人がいます。つまり、教師の『トーク』が生まれているのです。サポートやチャレンジには時間が必要です。根本的な学校の役割、業務の整理も、これらの前進を促す要素だと思いました」というコメントが届きました。カナダに比べると約三〇年遅いですが、大きな問題ではありません。今回の機会を一時的なものとせず、継続的なコミュニケーションと相互サポートにしなければなりません。

もくじ

第1章　「声」を出すのは学びの基本

第2章　教室のすべての「声」に耳を傾けて

第3章　生徒の「声」で大切な仲間づくり

第4章

自分の思いを「声」にして

――あなたの生徒は自分自身を語ることができますか？

第6章

ドラマを演じれば「声」が明確になる
――あなたはロールプレイの力を知っていますか？ 171

第9章

ICTが「声」を広げる
――あなたは学びの可能性を広げることができますか？　255

第10章 生徒の「声」は評価そのもの

私にも言いたいことがあります！

——生徒の「声」をいかす授業づくり

第1章

「声」を出すのは学びの基本
――あなたの教室では生徒の「声」が飛び交っていますか？

まず、生徒のインタビュー記録の一部を紹介します。名前は「ビービー」と言い、八年生(1)です。このインタビュー記録は、ジェーン・パターソン先生がヨーク教育委員会の会議で発表したものです。

・競技チアリーダーをしていますが、とても楽しいです。空に放り投げられるときだけではありません。体も、感情も、精神の強さも必要とされます。

(1)　学年は一～一二年までの通しの学年で表記します。高校は九～一二年までの四年間と決まっていますので、日本の六・三・三制にあわせようとするズレが生じてしまうためです。

・理科の授業では、実験を実際にやっているときが一番です。体験活動に心地よさを感じます。教科書から学ぶだけよりも、先生が期待していることや、理解してもらいたいと思っていることがよく分かります。また、時々教科書と違ったりするから、ちょっとした冒険気分です。
・グループ活動も好きです。分からないことがあったら、助けてくれる人、手伝ってくれる人がいますから。チームで探究をするときは本当に楽しいです。一人きり、ということがないからです。一人で活動していると学べないことが発見できます。
・挑戦できる、あるいは次に別なことに挑戦できるのは新鮮だと思います。発表することは基本的に好きです。実際のことを話すのが好きなのは、誰でも一緒だと思います。ただ、長くやっていると飽きてしまいます。エッセイは、そういうものの一つだと思います。
・正直なところ、私はあまり上手な書き手ではありません。だから、パワーポイントのようなプレゼンテーションソフトがあると本当に助かります。

トーク活動の重要性(2)

紹介した女子生徒のインタビュー記録から、彼女の学校内での生活と学校外での生活を察することができます。彼女の言葉からも、トーク活動に熱中する機会を生徒に設ける必要性が分かるのではないでしょうか。とくに私たち教師は、クラスメイト同士が対話することを求めています。今日、口頭ないし視聴覚メディアやディジタル機器を使う活動が進展し、「オラシー」(原注)［参考文献68］は読み書きや計算のリテラシーと同じくらい重要なものになりました。

さまざまな研究で、言語と思考の関係、言語獲得の諸理論、話すことの特質、そして言葉のさまざまな使い方が注目されています。言葉のスキルは学習と無関係に発達するものではなく、一体なのです。

トーク活動そのものは教科ではありません。しかし、すべての教科において学びの前提となるものです。新しい概念(3)を理解すること、主体的な学び手として他者ときちんとコミュニケーショ

---

(2)　生徒は話し手として、質問者として、論者として、あるいはおしゃべりする人として学びます。教師やクラスメイトと頻繁にやり取りする機会があるとき、生徒はもっとも効果的に学ぶでしょう。

(原注)　(oracy)　一九六五年、イギリスのバーミングハム大学に所属していたアンドリュー・ウィルキンソンによる造語で、「oral（口を使って行うこと）」と「literacy（リテラシー）」を組み合わせたもので、「話す・聞く力」を指します。

(3)　「概念」は教科の枠組みの最上位にある、身につけるべき考え方と言えます。たとえば、「変化」という概念は、日本で言うと国語・理科・数学・社会といった教科のどこでも用いられることでしょう。海外の学校ではこうした概念を設定し、それらがそれぞれの教育活動を「串刺し」するものとなっています。

ンをとること、多様なものの見方ができること、他者に対する寛容さを育てること、といったさまざまな効果があります。

　私たちが新しい考えを扱ったり、新しい理解を身につけたりするとき、誰かと話すことで思考と感情の両面から意味が定着します。知識を言葉に置き換えることができれば、その知識について振り返ったり、その知識に基づいて行動したり、知識を転化させたりすることも可能となるのです。

　多様な目的でやり取りする機会があります。計画・推測・予期・傾聴・統合・図化・物語・順序立て・自分語り・インタビュー・質問・情報への問い・説得・報告・描写・録音・思案・理由づけ・批判・評価・発表・経験の想起・期待や予測・代替可能なものとの比較・因果関係と相関関係・なぜ、どのように現象が起きたのかの説明・暫定的なものの説明と認識・想像による世界の構築・行動の妥当性・感情の振り返りなど、これらはすべて、自分もしくはほかの人が発した言葉です。

　教師は、生徒に次のようなことを望んでいます。お互いに話し合うこと、グループで話し合うこと、テーマに対して的確に質問をつくること、教師と向きあってカンファランスを行うこと、グループやクラスに向けて調査発表すること、自分たちの成長と学習への取り組みを振り返ること、実演・発表すること、ロールプレイを行うこと、読み聞かせをすること、他者の考えを補って構築すること、新たなアイディアに挑戦すること、認識や視点を変容させること、などです。(4)トーク活動を学びの手段として取り入れることを検討しましょう。トーク活動は、学級活動、授業の組み立てや発問、そして生徒の多様な学び方のスタイルにかかわっています。(5)多くの教師が、交渉的、協働的、分析的な話し合いが発生するように多様な方法を考案しています。生徒は、自分たちのリアルな会話と結びつけて考え聞かせ(6)を行い、仮説を述べ、リスクをふまえて考えを(7)

(4)　あなたは、これらを意識して授業を展開していますか？　これらはまさに、アクティブ・ラーニングの中身を描きだしてくれているリストと言えます！　カンファランスとは、生徒が主体的に取り組んでいる最中に、教師が相談に乗ったり、生徒の進捗状況を把握したりしたうえで、さらに上のレベルに生徒をもちあげるような問いかけやアドバイスをする短時間のセッションのことです。また、読み聞かせには、従来からやられているもの以外に多様な参加型の、しかも中高生や大人も対象にしたより効果的な形態があります。『読み聞かせは魔法！』（吉田新一郎、明治図書、二〇一八年）を参照してください。

(5)　主体的に学ぶために、「発問」や問いかけのあり方について見直しの時期に来ています。『たった一つを変えるだけ』（ダン・ロススタインほか／吉田新一郎訳、新評論、二〇一五年）と『質問・発問をハックする』（コニー・ハミルトン／大橋康一ほか訳、新評論、二〇二一年近刊）を参照してください。生徒の多様な学び方については、『シンプルな方法で学校は変わる』（前掲、みくに出版）の一一六〜一二二ページを参照してください。

(6)　通常は話すことのない、頭の中だけで起こっている考えをあえて口に出す方法のことで、学び方・教え方としてとてもパワフルなものです。具体的なやり方は『読み聞かせは魔法！』（前掲、明治図書）の第3章で紹介されています。

話すのです。教師は生徒と話し合い、生徒の声に耳を傾け、どの授業においてもトーク活動を学びの方法として大切にすべきでしょう。

今日、学校は生徒のトーク活動の声であふれています。そして教師は、学習の過程にある話すこと・聞くことの機能を認識しています[8]。トーク活動がいっぱいの教室では、会話や対話、話し合いを通した学習[9]に生徒は夢中になっています。生徒は新しい視野、身近なアイディアの探究、考えの共有、バイアスの明確化、問題提起、答えの再確認、説明の提供、情報の報告などを行います。

こうして自分たちの声を人に聞いてもらう機会を通して、複雑な問題を把握するようになります。学びの経験に「トーク活動、共有、振り返り」を設けることで、私たちは相互のやり取りをさらに効果的なものにし、自立的に行動、参画する感覚を育むのです。

トーク活動の実践例①「発見ボックス」——ブライアン・クロフォード先生の実践

私の三年生から五年生のクラスでは、二週間にわたる理科の「探究ユニット[10]」で、探究と対話の機会をもたらす「発見ボックス」を使っています。

初めに話し合いの場を設けます。理科のなかで、不思議に思うことについて考えるようにと生徒に投げかけます。モノがどのように機能しているのか、どのように発見されたのか、あるモノがほかのモノにどのような影響を与えているのか、といったことです。

興味のあるテーマを決めたら、自分たちの好奇心をくすぐるような質問リストをつくりだし、そのなかから調査に値する一つの質問に絞り込みます。その後、必要な材料を集め、実験を行って結果を報告します。

一連の調査が終わったら、実験を行うのに必要とされた装置やモノと、実験を行うための説明

---

(7)　責任や危険も承知のうえで成果を求めて挑戦する、という意味です。正解志向が強すぎると、なかなかこれをすることができません。
(8)　日本では、前学習指導要領で、すべての教科で目標を達成するために「言語活動」を用いることが明記されていました。現行の学習指導要領では、一歩進めて「主体的・対話的で深い学び」を求めています。ここで述べられているトーク活動はまさにそのための学習活動です。教科書をカバーすることにとどまらず、深い理解と実生活に生きる能力を身につけるためには不可欠な活動です。日本の学校でこうした活動が増え、充実した学習が展開されることを期待して、本書を翻訳出版しようと思いました。
(9)　バイアスは「偏向」と訳されます。何らかの原因によってその人のものの見方・考え方に偏りが生じていることを指します。
(10)　日本の場合は「単元」となりますが、教科書教材をベースにしたものではありません。教師が、目の前にいる生徒の興味関心やニーズなどと教師自身が大切にしたいことを踏まえ、教科書と学習指導要領も押さえつつ、最善の内容と方法を考えて計画された一つのまとまりを指します。

書を箱に入れます。その箱の蓋に、生徒たちが取り組んだ質問を書いておきます。パートナーは箱を交換しあい、自分のパートナーが取り組んだ質問に対する答えをお互いに「発見」しようとします。

生徒は、必要なモノとデータを集めて、お互いの実験を共有します。教室は実験室のようになります。

グレッグという生徒は、輪ゴムをもっと引っ張って、どうやったらモノをより遠くに飛ばせるかというテーマを設定しました。一方、デイヴィッドは、異なる形の二つのオモチャの船について、どちらが沈みにくいかを調べました。またハーラは、異なる大きさの玉が坂を転がっていくのに何秒かかるのかということについて実験をすることにしました。マイケルは、滑車が重い荷物をたやすく運ぶことができるかという実験をし、ステファニーは重さと気圧の関係を調べました。

あらゆる実験室で行われているように、計画、仮説、再検討を通して、生徒たちは情報や考えを継続的にやり取りしています。そして、実験計画について話し合い、手順についてお互いに質問しあい、活動を説明し、発見を報告します。実験に必要なステップをはっきりさせるためにはお互いに助けあう必要があるため、実験の手順がしっかり記述されます。それが、より多くの話し合いをもたらしました。

箱を交換して行う次の段階では、元の箱の制作者である「科学者」の助けなしに一人で作業をしなければならないので、この実験の手順は明確でなくてはいけません。個人での作業のあと、科学者と実験者が自分たちの発見を共有しあうことでさらに多くの議論が生まれました。[11]

次の会話は、異なる物質の匂いについて実験をしたときに話された二人の女子生徒の議論です。

生徒A　あなたがどうしてこの実験をやりたかったのか、よく分からないんだけど。

生徒B　モノが匂うっていうことについて考えたかったの。それから、人は異なる匂いを嗅ぎ分けられるかどうかを確認してみたいと思ったの。それと、クラスの近くにいる人たちで実験してみようと思っていたから、男子と女子の嗅覚の違いを比べることにしたの。

生徒A　目隠しをしようとしたのはどうして？

生徒B　持っている瓶を見られたくなかったから。

生徒A　一つの感覚を取り去るとほかの感覚がより鋭くなるって、何かの本で読んだことある！目の見えない人は聴覚が鋭くなるとか。目隠しすることで、匂いの感覚が鋭くなると思う。

(11)　ここで紹介されている「発見ボックス」のバリエーションと、子どもを自立した科学者に育てる方法が詳細に紹介されている『だれもが〈科学者〉になれる！』（チャールズ・ピアス／門倉正美ほか訳、新評論、二〇二〇年）を参照してください。

生徒B　あなたは、何種類の匂いを正しく嗅ぎ分けたの？
生徒A　シナモンは分からなかった。
生徒B　ほとんどの子がそれにひっかかったよ。
生徒A　男子と女子で、本当に違いがあったと思う？
生徒B　性差別をするつもりはないけど、調査では女子のほうがいい結果を出していた。

トーク活動の価値

トーク活動は、習得すべきスキルの計画でもなければ、英語（日本では国語）の時間に限定するものでもありません。広い意味で言うと、トーク活動は極めて効果的な手段で、あらゆる教科領域の学びの中心であり、学校生活のすべての場面で使うことができます。トーク活動は、生徒の知識を高めるだけでなく、質問することや話し合うこと、振り返ること、情報から意味をつくりだすこと、といった能力を高めることになります。

ですから、学校はトーク活動を推奨し、それによって学習へと誘う場所であるべきです。また、熟考に満ちた探究が評価され、そこには対話が必要だと認識されている場所でもあるべきです。そして、教室でのトーク活動を最大限にいかすためのさまざまな方法とカリキュラムを開発する必要があります。そうすれば、生徒は次のようになります。

・言葉や言い方を文脈にあわせて選ぶ。
・聞き手、聴衆に対する自分の発言の効果に気づく。
・自分の内なる声（意見、考え、思い）に気づき、他者の発言と結びつける。
・書く活動を行う前に話し合う。
・グループ活動においてより高い理解につながる。
・すべての学習において意味をつくりだす際、その中心に話し合いを位置づける。
・自らが参加した方法を振り返る。

これだけの効果があるのですから、ぜひトーク活動を活用してください。そして、考えるため、コミュニケーションをとるため、振り返るため、何よりも学びのコミュニティーの一員であるために、トーク活動を使いこなせる生徒を育てましょう。トーク活動は、アイディアを試し、フィードバックを得て、視点を増やし、協働して知識を構築する機会を生徒に提供します。

本書は、こうしたトーク活動を組み立てる多様な方法を紹介することを目的として書かれています。

トーク活動の実践例②「概念理解」――バーバラ・クレッグ先生の実践

英語（国語）のスキルや方法が、カリキュラムのほかの教科領域と関連しているのは言うまでもありません。話すこと・聞くこと、読むこと、そして書くことは、算数・数学や理科などの学習においても基礎的な要素となっています。小学校一年生のクラスでは、話し合いを通して理解を伸ばしたり、広げたり、明確にしたりすることを目指しています。

次に紹介するのは、六歳の子ども三人によるものです。木製ブロックなどを用いた実験が、いかに「弧」の幾何学的な概念の理解に結びつくか、という事例です。活動中の会話と結果を共有する会話を通して、「バランス」、「支点」、「左右対称」などの言葉が馴染んだ言葉になっていきます。

ジェイミー　これは左右対称だね。
マンディープ　そうじゃないよ。左右対称は、ちょうど半分に切れるってことだよ。
ジェイミー　両方とも同じ大きさだよ。
フィリップ　あっちのはきちんと立っているけど、左右対称じゃないよ。

マンディープ　本で読んだことあるよ。

フィリップ　魔法の宝石でもあるのかな？　それが、家に魔法をかけているみたい……。

生徒は、探究をするときにもっとも効果的な学びが得られます（でも、ここでは、フィリップは左右対称の議論からおとぎ話の世界に行ってしまいましたが……）。この記録から、総合的に形を捉えるときにもっとも意味が生みだされていることが分かります。生徒はさまざまな形で瞬時に探究し、考えをめぐらします。「教科」という枠組みで考えたアイディアにかぎられることはないのです。

私は、ノートに記録をつけるよう生徒に言っています。生徒は数学的な探究の最中に出合った問題を振り返り、それをどのように解決したのかというプロセスの細かな部分まで書いています。[12]多くは、彼らのつく

（12）この点について参考になる本が『教科書では学べない数学的思考』（ジョン・メイソンほか／吉田新一郎訳、新評論、二〇一九年）ですので、参照してください。

表　トーク活動が行われている場面

世間話、アナウンス、語り、描写、説明、情報提供、伝達、ブレインストーミング、想像、共有、コメント、比較、分類、質問、仮説、予測、意見、抗議、分析、適用、類推、推論、指示、報告、説得、言い換え、再考および修正、意思決定、問題解決、ロールプレイ、振り返り、解釈

ったモノについてのストーリーです。また、生徒の能力や理解は一人ひとり違うので、これらのノートは成長や知識の度合いを評価するのにとても有効となります。

年少の生徒があるモノをつくったとき、それについてお話をつくってしまうというのは自然な行為です。自分たちがつくり、発見したものとして、想像したアイディアや思いを述べるものとなっています。今回、モノづくりの授業のあと、[13]リアーナという生徒が「妖精の罠をつくった」というお話を読みあげました。その後のドラマ活動で、生徒たちはまるで建築デザイナーのように取り組み、リアーナの問題解決を助けようとしたのです。そして彼らも、教室の素材から独自に妖精の罠をデザインしていました。

トーク活動の形態

話すこと・聞くこと・話し合うことの形態（型）のいくつかは、教室でとても有効な役割を果たします。世間話、探索的な話（一九ページで詳述）、対話、結果や発言に責任が求められる話し合い、人前での発表、リハーサルや聞き書き、そしてドラマ活動などは今や一般に認められたものとなっています。

教師はその日に与えられた時間のなかで、形式的な話し合い活動も含めて必要とする学習経験や背景を吟味し、どの形態が一番効果的であるかを決めているのです。(14) もちろん、現在ではありふれたものとなっているディジタル機器による双方向的な話し合い活動も付け加えなくてはいけないでしょう。

まずは、もっとも個人的なものから見ていきましょう。

自己内対話

時に、生徒は口を開かないかもしれません。ですが、私たち大人と同じように、対話は考えるプロセスにおいてとても大切なものです。自己内対話、あるいは独り言（つぶやき）は寝ても覚めても私たちの生活にあふれています。つまり私たちは、頭の中で自分に向かって話をしているのです。

私たちは、ちょうど魚を網ですくいあげるように、日常生活のなかから自らの物語をすくいあげて再構成しています。次に何を言おうかと迷ったり、ほかの人から言われたことを繰り返した

---

(13)　本書では、ある場面・状況設定で、即興でロールプレイを行う活動としてドラマ活動を捉えています。二四ページと第6章を参照してください。
(14)　上記のほかにも、訳者の一人が紹介している「スパイダー討論」という形態もあります。『最高の授業』（アレキシス・ウィギンズ／吉田新一郎訳、新評論、二〇〇八年）を参照してください。

り、充実していた休日のことを思い出したりしています。時には、鏡に向かってとか、誰もいない椅子に向かって話しかけてしまいます。あまり知られていませんが、これらも自己内対話の一つなのです。私たちは、考えが形になったり言葉になったりする前に、頭の中で考え続けているということです。

世間話

世間話は人生において不可欠なものであり、活力をもたらすものです。いかなる理由があるにせよ、クラスで独りぼっちになっている生徒には気をつけましょう。何と言っても、健康的な生徒はいつも会話をしていますから。

世間話を通して、私たちはしかるべき人たちに感謝をし、仲よくなることを身につけていきます。人前での振る舞いの基本は、挨拶、おしゃべり、噂話、冗談など、すべて世間話のなかにあります。世間話はほかの人との生活を共有するものであり、そうした対話のなかで自分らしさが形づくられていくのです。

授業中の世間話やおしゃべりは禁じられています。しかし、生徒は学校にいる間、チャンスを見つけてはおしゃべりをしています。休み時間、昼食のとき、下校中などの交流について取り上げることはないでしょうが、授業でも自然な形でカリキュラムの一部に組み込んでみてはいかがでしょうか。そうすれば、話し合いをするための土台が、家庭や仕事場、そして生活全般で形づくられることになります。

グループ活動のなかで、時にはみんなの前で、あるいは課題をこなすなかで、生徒は個人としての体験を自然な形で伝えあい、話し合うことでしょう。活動後の片づけの場面、次の授業への準備の間、お客さんをもてなすとき、小説を読んだあとに感想を話すとき、週末に何をしようかと先生とおしゃべりするときなど、世間話の機会はいくらでもあります。

考え聞かせ（探索的な話）

多くの場合、学校では、何かを理解するために自分の頭の中で考えていることを口に出す時間、つまり「考え聞かせ」をする時間が生徒には与えられていません。(15) ダグラス・バーンズ(16)は、この

(15)　翻訳協力者から次のようなコメントがありました。「この手探りの状態に価値を認めて、励ますことが大事なんだろうなと思います。言い澱み、間違い、言い直しなどが気軽にできる場をつくることの価値を、私たちは再認識しないといけませんね。話すことの教育が、フォーマルなスピーチやディスカションなどに矮小化されないように」

(16)　(Douglas Barnes)　一九七六年に『From Communication to Curriculum（コミュニケーションからカリキュラムへ）』［参考文献6］を著し、言葉が学びに占める重要な役割を投げかけたイギリスの研究者です。欧米における「聞く・話す」に関する研究や実践は、この本に影響を受けたものが少なくありません。

ような手探りしている状態を「探索的な話」と名づけました。このような話し方は、話すのをためらっているとき、言い直そうとするとき、話のはじめ方を間違ったとき、話の方向を変えようとするときなどによく見られます。言葉を換えれば、新しい知識を既知のものと同化させ、統合するような働きをするとも言えます。

したがって「探索的な話」は、生徒にとっては有効な言語のやり取りの一つと言うことができます。生徒自身がすでに知っていることと、今知りつつあることとの関係性を探索する際の助けとなりますし、新しい意味や理解を把握するための言語化にも役立つでしょう。

対話

対話には、ほかの人のアイディアを正しく構築するという、相手を助ける働きも含まれています。対話および会話(17)、そしてお互いに話を聴きあうことを通して、適切な言葉と記述を使用すること、話し続けるうちに何かに気づくこと、人の話から考えがまとまること、自分から考えを修正するといったことなどが自然に生じます。ロビン・アレクサンダー(18)は、教室での行動や振る舞いにかかわる対話の性質について次のように述べています。[参考文献1、2]

集団性——教師も生徒も、個別ではなく一緒に学習課題に取り組むようになる。

互恵性——教師も生徒も、お互いに聴きあい、アイディアを共有し、多様な視点で理解するようになる。

支援性——生徒はアイディアを自由につなげるようになる。「間違って」答えることへの恐れや照れを気にせず、共通理解にたどり着くために助けあうようになる。

蓄積性——教師も生徒も、自分自身もしくはお互いのアイディアをつくりだし、思考や探究としっかり結びつけるようになる。

目的性——教師は対話的な授業を大切な目標として計画し、運営するようになる。

責任・義務を負う話

生徒は、教師の指示に従うといった状況よりも、生徒同士の関係が働いている状況においてこそ考えや思いを述べるものです。また、第三者としてではなく、自ら話題にかかわっているときのほうがコミュニケーション能力を駆使するものです。つまり、アイディアを述べるだけでなく、自らを振り返り、修正し、自身を磨くようになるということです。

(17)　「対話」は意味を共有することが目的で、「会話」より意識的な話し合いを指すことが多いようです。
(18)　(Robin Alexander) 現在はケンブリッジ大学に所属する、バーンズと同じイギリスの教育者です。

聴き手の反応は、話がうまくいっているかどうかを判断するための大切な目安となります。意味のある対話の場面を設定することで、生徒は活動を通して新しい意味を見つけだし、その意味を交流させるでしょう。協働的な課題に取り組ませるには、協働的な対話に生徒を導く必要があります[19]。

公的な場でのスピーチ

公的な場（ステージ上や公衆の面前）で話すというのは必ずしも一般的なことではありませんし、対話においてもっとも重要な形態というわけでもありません。しかし、実生活に即していて、事前に探究活動を設定していれば大切な学びの機会となります。

公的な場での発表をうまく進めるために、また健全で教育的な雰囲気づくりのために教師は努力する必要があります。発表自体を怖がらないようにするためには、活動過程で学びを共有し、すでに調べ終わったアイディアや情報を発表するような学習活動をカリキュラムに組み込むといいでしょう。

いきなりクラス全体でやるよりは、事前にペアや小グループでアイディアを共有するほうが自信をもって行えるはずです。また、ノートやパワーポイント、ホワイトボードなどを使うことも、公的な場での発表をサポートすることにつながります。

クラス全体の前であれ、多くの人が聞いていて聴衆の反応が見える場であっても、臆することなく個人の考えや感想を示すことができる生徒もいるでしょう。しかし、そのような場であっても一度に一人しか話さないわけですから、本当の対話はほとんど起こりません。クラス全体という設定は、ユニットの導入やお話を聴く[20]とき、映像を観るとき、発見を共有するときなどに有効となります。

公的な場面での話し合いの例としては、次の校外学習での準備といったテーマ設定をして、企画・運営の問題点を話し合うといった内容ならばよいでしょう。

発表原稿

事前に作成する原稿は、周到に準備をした対話と言えます。多くの場合、発表する際の言葉は「書き言葉」になっています。生徒がそれを読み、聴き、話し、あるいは解釈して言葉の力を自覚したとき、初めて話し手・聴き手としてその言葉を理解するでしょう。生徒は、自らの語りや

(19) 責任を伴う話し合いについてさらに知りたい方は、『「学びの責任」は誰にあるのか』(ダグラス・フィッシャーほか/吉田新一郎訳、新評論、二〇一七年)の一八〜一九ページを参照してください。

(20) 本書では受動的でなく、意識的に話を聞くときには「聴く」と表現しています。ただし、「聞き手」のように一般的な語として「聞く」を使うこともあります。

原稿の読みあげ、即興の発表をするといった際に触れたことのある言葉に出合うと、その言葉の背後にある意味や深さ、または結びつきに気づきます。

発表の練習をし、自身の発表についてどのように感じたかを確認すると、原稿の読みあげ一つとってもそれがコミュニケーションの一つであるということに生徒は気づくはずです。原稿の読みあげは、生徒にとっては新たな言葉の形や声、話し方などへの挑戦となります。実際に口に出すことで原稿をチェックし、いつもは黙読している人（自分）に対して話を「聴かせる」ことになります。

少人数のグループでお互いに原稿を読みあげたり、年長の生徒が年少の相手に読み聞かせの準備をしたりすることなど(21)が考えられます。読み間違いや言い間違いについてみんなの前で正されてしまうといった場面ではなく、実際に聞き手がいて、原稿について高度な解釈が要求されるような場面でこそ読み手として成長するのです。

ドラマ活動

協働的な学習活動としてのドラマ活動(22)は、生徒に対して役を演じる、あるいはそれを見るといった場面において集中力と反応が必要とされるほか、お互いに話したり聴いたりする機会を与えます。

即興劇あるいはロールプレイにおいて、よくアイディアを練り、計画し、話す機会があると、相手とのやり取りや相手を説得するために自らがもっている知識を総動員します。振り返りや作文、話した内容や用いたイラストなどを見ると、創作された話のなかであっても言葉の本当の力が非常によく表れるものです。

デジタル機器を介したやり取り

デジタル機器を介した対話の場合、その形式やデータの状態、情報の受け手、即時対応などの問題が生じます。それらが、誰に、何を、どのように言うのかを決定づけます。デジタル機器を通した話というものが、生徒のコミュニケーション能力や他者との対話にどれほどの影響を与えるのでしょうか？　実際に顔をあわせて行う対話もあるなかで（つまり教室で）、デジタル機器を通して話す活動をどのように組み込むことができるのでしょうか？

第9章では、デジタル機器を通した交流において、生徒がお互いに、あるいは世界に向けてどのように発信しているのか、そしてその効果について紹介します。

(21)　国語の時間、教室で一人ずつ音読する場面がそれにあたるでしょう。
(22)　ドラマ活動の可能性については、前掲した注（13）でも述べたように第6章で詳しく述べられています。

教師はいかに話すべきか？

生徒との関係のなかで

今日、教師自らも教室のコミュニティーの一員として見られています。[23] おしゃべりをしたり、大切な話をしたり、個人的なことを尋ねたり、文学の話をクラスのみんなと共有したり、いざこざをとりなしたり、生徒と一緒にカリキュラムをつくったりしています。[24]

私たち教師は、さまざまな方法で話す環境を豊かにつくりだすことができます。たとえば、個人・グループ・クラス全体の活動場面を設定すること、イベントを計画・実行すること、少人数グループの活動や旅行行事の計画、ゲスト・ティーチャーへのインタビュー、学級開き、などです。活動の選択権を生徒に与えることで[25]生徒の興味を引きだし、情報交換、気持ちの共有、計画・実行などの場面で対話を促進させることができるのです。

しかし、生徒の声を黙らせるような障壁や課題が私たちの教室にあります。だからこそ、教室のレイアウトといった、極めて単純な事柄で話し合いが促進されることにも目を向ける必要があります。先生と個別に話す場所があるか、協働できるスペースがあるか、少人数グループで活動できるか、大人数が集まれる場所があるか、ということです。生徒一人ひとりが、さまざまな交流形態で教室での話し合いに参加できる機会を提供しましょう。

教師の話を減らしたり、意図的に変化させたりして、生徒の話を促すこともできます。たとえ

---

(23)　教師として、私たちは生徒の生活に与える影響をうまく利用するためにも、クラスでの話し合いの性質を理解する必要があります。日本の教室はどうでしょうか？　教師は責任ある指導者の自覚はあるでしょうが、一緒に生活する一人という視点で、以下の文章を読んでみてください。

(24)　この最後の部分ですが、「授業」なら理解できても「カリキュラムを生徒と一緒につくる」と言われると、「どういうこと?」と思う読者が多いことでしょう。ここでは、何をどのように学ぶかの判断を教師と生徒が話し合いで行っています。そのほうが、生徒はより良く学べ、教師はより良く教えられるからです。言われてみれば、「確かに」と思われるかもしれませんが、日本でそれが行われているのは（あったとしても）総合的な学習の時間くらいで、教科については存在していないでしょう。

(25)　生徒に選択を与えることに関して、翻訳協力者から「ここが、どうにも理解されないと私などは思います。選択権を与えない教師の多くは、活動の選択権を与えたらゴールがバラバラになると思っているのです。自分の設定したゴールを疑わないというか、それは誰のためのゴールなのかを考えることがないのです。美しい成果物の要求は誰のため？　教師のため！　生徒の成長の違いをどう見るか、まさに『声』を聞く姿勢の有無だと思います」というコメントをいただきました。生徒に選択を提供するための説得材料とその具体的な方法に興味のある方は、『教育のプロがすすめる選択する学び』（マイク・エンダーソン／吉田新一郎訳、新評論、二〇一九年）と『ようこそ、一人ひとりをいかす教室へ』（C・A・トムリンソン／山元隆春ほか訳、北大路書房、二〇一八年）を参照してください。

ば、次のようなことができるでしょう。

・教師自身も答えが分からないようなオープンエンドな質問をします。これによって生徒と教師の力関係が逆転し、話し合いをすることや適切な会話の型を実演してみせることが可能になります。

・デモンストレーションや足場かけ(26)をします。生徒の漠然とした考えを解きほぐし、より深い意見を促したり、アイディアを言い換えたり、会話を豊かにしたり、フィードバックを提供したり、まとめてあげたり、事前に考えたことと関連させたりするのです。

・話すイベントを提供します。生徒主体の話し合い、ペア学習、変化のあるグループ構成、クラス全体を思いやりのある集団にしていく話し合いなどです。

・生徒同士が話し合えるように設定します。その場合、協働的なゲームや「トライブ」(原注)の活動を通して行います。

・考え聞かせを実際にやってみせます。

・教師と生徒のカンファランス(27)を行います。

・みんなの前で発表するための準備をさせます。

・ジャーナル、ノート、マインドマップ、ルーブリック(28)、フィードバックを活用する機会を組み込みます。

・生徒の意見に基づいて、授業やユニットをつくります。そうすると、生徒はより熱中し、学習活動中の会話や反応、記述、探究などの場面で意欲的に取り組みます。さらに、リアルな会話が生じるので、授業デザインを柔軟に変更することも可能です。

---

(26) (scaffolding) 指導する側に決まったスケジュールがあって、その通りにやらせるというものではなく、生徒が今どのような状態にあり、一番適したサポートのあり方を指導者が見極めて、最良の環境を提供することを指します。具体的には、生徒ができるところについてはあまり介入せず、生徒のできないことを補って発達の手助けをします。あまり難しすぎず、しかし努力すればなんとかやり遂げられるレベルの課題が与えられたとき、生徒の発達は自ずと起きるとされています。翻訳協力者の一人が、「周りには『生徒の負担にならない課題を！』という人が見受けられますが、課題におけるハードルの高さをどこに置くのか、教師の腕の見せどころだと思います。ちょっと頑張らないと楽しめないような課題のほうが、生徒は楽しいと感じているようです。記憶に残っているのもしかりです」とコメントしていました。

(原注) (tribes) 「トライブ」は、学びと人の成長が最大化される風土が生み出されるという研究に基づいた方法です。「トライブ」を普及する「TLC (Tribes Learning Communities)」という団体は、小学校、中学校、高校レベルでのリーダーシップ、そして放課後の青少年育成プログラムとその運営において、協働的なスキルや集団での合意や意味のある参加、カリキュラムのまとめ方、教員研修を提供しています。http://tribes.com

(27) 七ページの注(4)を参照してください。

(28) ジャーナルについては、iiiページの注(4)を参照してください。マインドマップとは、イギリスの教育コンサルタントであるトニー・ブザン (Tony Buzan, 1942~2019) が提唱した思考の表現方法です。中心から枝分かれしていく図を描いていきます。ルーブリックとは、学習者の姿を中心に描いた評価基準表のことを言います。

有効な声がけ

『The Whole Story（一部始終――教室の中の自然な学習と読み書き能力の獲得）』〔参考文献21・未邦訳〕という本のなかで、ブライアン・カンボーン(29)は生徒に対する六つの有効な声がけを挙げています。

①**生徒の意図を明確にすること――**「何をしているの？」、「何をしようとしているの？」、「何をしようと思っているの？」といった質問により、生徒が課題を口に出すことのほか、方法や問題点について述べることを促します。

②**生徒の反応を尊重し、傾聴すること――**生徒に伝えるべきメッセージは、「私はあなたの反応に価値があると思い、それを聴いています」ということです。

③**生徒同士の知識やスキルの差に気づき、すぐさま対応して声をかけること。**

④**生徒のものの見方を新たな方向へと広げること――**「じゃあ、次はどうしますか？」、「次は何ができるでしょうか？」、「次はどうするといいでしょうか？」といったように声をかけます。

⑤**生徒がうまくいかないときに活動の方向を再調整すること。**

⑥**教師であるあなたの予想よりも活動状況がよくなかった場合、生徒にやり直しを促すこと――**「考えたことを正しい順序に整理し直してください。難しいスペルもうまく扱えると思います

よ」などと言います。

教師はモデル

教師自身に求められる言語表現のスキルとはどのようなものでしょうか？　教師自身の話す・聴くスキルはどのくらい大切でしょうか？　生徒とともに過ごす時間、私たちは話すときにどのようなマナーを示しているでしょうか？　生徒たちは、教師を見たり、やり取りをするだけで、あるいは教師の話を聞くだけで話す技術を学んでいるのでしょうか？　教師は、言葉のもつ力、そして私たちの言葉が生徒にもたらす喜びやひらめきに気を配るべきでしょう。

ほとんどの教師は音読する際に練習などをしていませんが、誠実に、注意深く話すことはできるでしょう。教師は話し方の効果を高めるために、聴きとる耳、幅広い声色、最良となる音量や速さ、そして生徒の反応に気づく力などを鍛えなければなりません。教師自身のコミュニケーション能力は、教えるうえにおいて大切な手助けとなります。

教室での話す活動に対しては、やり直しをさせることも可能です。必要に応じて、声を大きく

---

(29) (Brian Cambourne) カンボーンとこの本については、『増補版・「読む力」はこうしてつける』(吉田新一郎、新評論、二〇一七年) の八一〜八二ページにおいて、彼が考えだした「自然学習モデル」とともに紹介されていますので参照してください。

したり、修正したり、工夫したり、広げたり、絞ったり、雰囲気や調子を変えたりすることなど、いつでも生徒を巻き込み、彼らの言葉や考えのレベルを成長させるようにしましょう。(30)

【トーク活動についての振り返り】

・あなたは、学校での勤務経験を通して、トーク活動をどのように変化させてきましたか？
・現在、学校で生徒がよく取り組んでいる対話の形式を考えてみてください。インタビュー、質問、グループでの問題解決、読み聞かせ、日々の生活の話、調べたことの共有、理科の実験について説明すること、ロールプレイ、読みとったことのグループ間交流などです。あなたのクラスでは、どのような活動を行い、とくに何を強化していますか？　生徒の学習がどのように活性化しているのかについて気づき、学校でのトーク活動にどのような変化をもたらすことができますか？
・授業では、自然に話す機会が歓迎されていますか？　ペア、グループ、クラス全体で話すとき、さらによい状況を設定することはできないものでしょうか？　そして、生徒がリアルで重要だと思えるような活動を通して、自然に話す・聴くことの力を成長させることはできないでしょうか？

・デイジタル機器は、話すこと・聴くことにどのような影響をもたらしていますか？　たとえば、生徒が行う議論の大切な瞬間が再生できるように録音機能を活用していますか？　新しい機材をパソコンにつなげて録音することはできますか？　教室でプレゼンを行うとき、生徒はパワーポイントやPrezi（プレゼンテーションソフトの一つ）、iMovieといったソフトを活用していますか？

・対話のコーチ[31]のように振る舞っていますか？　私たち教師の話し方のパターンや様式は、生徒の未来を変える素材です。あなたと生徒、あるいはグループとの会話を録音して、自己評価してみましょう。次のようなことを考えてみてください。

❶生徒のアイディアが出てくるのを妨げることなく、対話を促せましたか？

❷対話において、生徒を助けたり、生徒が体験を発表すること、考えを口に出すことを促したりするよきパートナーでしたか？

❸聞き手として、あなたの視点から生徒の考えを別のフレーズに言い換えていましたか？

❹教室でのやり取りにおいて、教師主導になりすぎていませんでしたか？

---

(30)　これらについては、『言葉を選ぶ、授業が変わる！』（P・H・ジョンストン／長田友紀ほか訳、ミネルヴァ書房、二〇一八年）も参考になります。

(31)　相手に応じてメニューやアドバイスを変化させ、本人に気づかせるのがコーチのイメージです。

・常にグループでの話し合いのあとにフィードバックを求めるなどして、自分の話に責任をもたせるようなやり方にしていますか?
・話し合いが盛りあがった大切な瞬間、生徒の視点の深まった場面、会話の介入から意味が広がった場面などを見つけることはできましたか?
・話し合いに熱中している生徒を見ているときを想像してください。彼らの会話のマナーや振舞いを見取るための観察リストをつくるとしたら、どのような項目を設定しますか? また、生徒の発言を促すような場面は提供できていますか?
・読み聞かせをするとき、書かれている言葉の重要性の理解に至るようにするためにはどうすればよいでしょうか? また、文章中の言葉から自分の意見を引きだし、そのあとに行われる話し合いと関連づけるためにはどのようにすればよいでしょうか?

第2章

教室のすべての「声」に耳を傾けて

——あなたの教室ではどんな声が聞こえてきますか？

以下に示すのは、フィリップ・テイラー先生による対話記録です。〔参考文献55〕

　五～六年生のメンバーが、絵本『探検』(1) のなかの島民になりきって活動しています。奇妙に思われるかもしれませんが、私（著者のデイヴィッド）は「催眠術をかけられた別の部族民」を演じています。(2) 生徒のリーダーがクラスメイトからひそひそと提案を受けながら、私に質問をしてきます。

---

(1) この本は「The Expedition by Will Baum, Barron Publishing, 1975」です。四五年前の本で、入手は困難なようです。

(2) 捕らえた別の部族民から情報を聞きだすために催眠術をかけた、という設定のようです。

生徒　（デイヴィッドに向かって）座ってください。私たちから奪った神像について何か知っていますか？　なぜ、私たち部族がそれを取り返そうとしないのか、その理由が分かりますか？

デイヴィッド　奪った神像は本物であると同時に、偽物でもあります。神像のなかにはあなた方部族の意思があり、あなた方に神像を与えると言っているようですが、この神像のなかには私たち部族の意思もあるのです。

グループのメンバーはデイヴィッドに対する質問を考え、この来訪者が何を目的に来たのか明らかにするために、ひそひそと話してリーダーにヒントを与えようとしています。リーダーは、どこからかささやいてくるかのような質問を聞きとり、そのなかから、真実を明らかにすると考え抜いたものを選びます。

生徒　どうして、何年も神像を返そうとしなかったのですか？

デイヴィッド　この地域を支配するために、何かを設置しなければならなかったのです。

生徒　どうして、この島にしたのですか？

デイヴィッド　海を支配するためです。

生徒　どうして、海を支配する必要があるのですか？
デイヴィッド　ここを拠点にする必要があったからです。

生徒たちが、リーダーに向かって提案をささやきます。

生徒　どうして、この島を選んだのですか？
デイヴィッド　この島が二つの大きな島に挟まれているからです。
生徒　二つの島というのはどこのことですか？
デイヴィッド　東と西にあるものです。
生徒　もし、それを受け入れたらどうなるのですか？
デイヴィッド　神像はあなた方に返します。それと引き換えに、私たちはこの島を拠点としています。
生徒　どんな拠点ですか？
デイヴィッド　それは言えません。

生徒たちが、リーダーに向かって再び提案をささやきます。

生徒　戦争のための拠点？
デイヴィッド　そうです。

とても動揺して、生徒たちがリーダーに提案をささやきます。

生徒　誰と戦うの？
デイヴィッド　敵とです。
生徒　友好を結べるだろうに、どうして敵になるのですか？

「選択」と「声」がもたらすみんなの意思決定

ご覧のように、オーストラリアの小学生はドラマ活動で力を発揮しました。私と一緒に生徒は、字のない絵本『探検』のこんな場面をめぐってやり取りをしました(3)。暴力的な兵隊の一団が島を侵略し、神殿を荒らし、石の神像を持って船で逃げました。しかし、さかのぼると島の先住民が彼らの蒸気機関を先に盗んだから、島民の神殿だった場所を兵隊の一団が占拠したのです。
私（デイヴィッド）の言葉は、島民の疑問を裏づけるものでした。神殿は荒れ果てていて、しかも、そもそもは自分たちの部族が原因かもしれないということです。彼らは催眠術を中止し、神殿を返してもらうことを断りました。そして、島全体として、「友好的にできるのに、どうして敵対するのか？」という自明の問いが侵略者たちにまったく通用しないということにショックを受けていました。

私は二つの役を演じています。ドラマ活動のなかでは催眠術をかけられた船長、そして現実では教師としての役割です。したがって、生徒も同じく二つの役を演じています。島民と、ドラマ活動を行っている生徒です。生徒は、演じる際には私を船長として扱い、すべての決断をし、問題を捉え、集団としての決定を見いだそうとしました。

教師としての私は、授業をコントロールします。ドラマ活動を止めたり、再開したりします。

（３）日本の学校では周到に準備をさせることに時間を使い、失敗しないようにさせることが多いと思いますが、この部分の授業者であるオーストラリア人のフィリップ・テイラー先生は、学ぶうえにおいて「リスクをとること」について次のように語っています。「生徒が会話やロールプレイのなかで対話、聞くこと、話すことを通して探究していくと、リスクをとること（責任を負いつつも、成果を得るために思い切ったチャレンジすること・訳者補足）やものの言い方を学んでいきます。リテラシーを学ぶうえで必要な経験です。生徒は、自らの語りと他者の語りを通して人生を探究します。そして、自分のオリジナルな語りを生みだし、昨日、今日、そして明日を表す方法を生みだしていくのです。生徒が世界を知的に、物理的に、感情的に、精神的に読み解くことを学ぶためには、リアルな条件で幅広く、思慮に富んだ経験が必要です」（原書の但し書きより）

演者としては、生徒が明かそうとしている秘密を隠しもつ島の異邦人として、質問に答えるだけです。生徒の声からは、活動の成果や言葉を使いこなす力が伝わってきます。(4)

あなたは、教室で生徒の「声」を探していますか?

実際にあなたが「声」を発するとき、すなわち、あなたが一人の人間として何か言いたいことがあり、ほかの人が聞いている、あるいは対話している場面を思い起こしてください。きっとあなたは、自分と相手の両方を意識しているはずです。

学習や教育の場面では、「生徒の声」は個人的な言葉、集団での話し合い・意思決定の活動だけにとどまっていました。ですが、生徒の発言を促すということは、授業の方向性や学習内容そのもののあり方、原理や原則、公平性や正義といったより高いレベルの学習に対する影響力を身につけさせることにつながります。ですから、生徒の声を教室の学びに取り入れることがもたらす可能性を探究しましょう。

生徒たちが自らの力への自信を高め、自分たちの可能性に気づき、能力を最大限に引きだし、個人の成長につながる自己決定ができるようになれば主張はより明確なものになり、それを外に向かって表現できるようにもなります。生徒の声が熱を帯び、教室や学校の活動に参加する意欲が高まるのですから、私たち教師はそれを促進し、価値づけるようなやり方を生みださなくてはなりません。

生徒は、教室で起こることについて決定したり、企画したり、組み立てたり、反応したりするための「声（意思・主張）」があるとき、初めて学習内容を身につけるより良いチャンスを手に入れることになります。これらの機会は、生徒たちの思考に対する有意義な挑戦となるでしょう。またそれは、生徒が協働的・協力的な授業を通して、学習、成長、変更、修正、そして理解の深化を振り返ることにも直結しています。(5)

これまで私たちは、生徒あるいは教師の目線で「声」という言葉に触れてきました。今、私は、

（4）翻訳協力者の一人が次のようにコメントしていました。「五、六年生でこうしたロールプレイができることに驚きを感じます。ドリル漬けになっている日本の小学生にはない力です。私の自治体で演劇を主軸に据えている学校が二校ありますが、それは特別活動（あるいは総合）として作品をつくることを通しての成長を目的としています。ここで紹介されているような、失敗を許容する学習を繰り返すほうが生徒の選択肢や思考の幅を拡げられると感じました」

（5）同じく、翻訳協力者のコメントを紹介します。「賛成です。黙ってノートをとることを求められてきた生徒たちに、自分の思うことを書いてよい、話してもよい、助けてもらってもよいという場を提供しただけで、生徒の顔つきが変わりました。今年度はまだ対話のドリル的なものしか提供できていませんが、これからどんどん解放していこうという気持ちになりました！」

学習への参加、または日々の生活において生徒同士が大切なパートナーとなるための「大切なもの」として、生徒の「声」を捉えています。日々の出来事のなかで生徒はお互いに結びつき、かかわっています。クラスメイトとのおしゃべりから話し合い、コミュニティーの一員として学校方針への参画といったことまで、幅が広いのです。生徒の主体性やアイデンティティーは、参加者として自分の声を聴いてもらいたいという欲求と密接に結びついているのです。

リテラシーの学習という観点で、「声」について次のように述べている研究者もいます。

「学習するなかで、言いたいことをもっている生徒が何人かいるものです。そうした『言いたいこと』が沈黙のまま、ということもあります。ですが、文章を読むこと・書くことでその力が発揮されます。それは、ほかの生徒よりも力強いことすらあります。あるいは、言いたいことをたくさん話し、書き、読んでしまうこともあるかもしれません。学校では、教師やほかの人によってその機会が与えられますが、奪われることもあるのです。書き手・読み手として生徒は、自分の意見を見失うことも見つけることもあります。また、ほかの人の意見を聞き、影響されることもあります。そうした意見は、人との一体感や葛藤を生みだすことになります」［参考文献52］

教師として私たちは、「おとなしい」、「照れ屋」、「内気」(6)と見なしているような生徒が、自身の力で参加できるような状況や場面をつくりたいものです。感受性のある教師さえいれば、そのような生徒も、ペアや小グループでメンバーと一緒に発表することなどによって会話や質問、ゲームなどに入っていく勇気が湧いてくることでしょう。

しばしば、活動がきっかけとなって、おとなしい生徒がほかの生徒よりも話題にぴったりの情報や意見をもたらしてくれます。生徒にではなく、テーマに焦点が当てられるからです。もちろん、多くの生徒はスピーチすることを楽しみ、そのほかの生徒もみんなの前で発表することに慣れていきますが、それでも一部の生徒は、対話・会話に参加して自分の意見を述べるというスタイルではなく、みんなと違った方法（文章や絵をかくことなど）を必要としているのです。

事実、静かな人だと思われている大人の多くが、立場や地位に見合った仕事をしていますし、文字情報や機器のサポートによる会話を通して、自分の声を「聞いてもらえる」方法を見いだしています。

『内向型人間の時代――社会を変える静かな人の力』（スーザン・ケイン／古草秀子訳、講談社、二〇一三年）［参考文献20］では、気質にかかわる心理学調査について述べられており、静かな子どもを勇気づける方法や天性の才能を開花させる方法が提示されています。内なる声を育てて外

（6）　現在翻訳中ですが、内向的な生徒への対処の仕方に焦点を当てた『静かな子（仮題）』（クリシー・ロマノ・アラビト／古賀洋一ほか訳、新評論、二〇二一年刊予定）を参照してください。

に出すこと、人とは違うやり方で効果的な話し手になることを学ぶこと、これらは経験によって積みあげられていくものですから、生涯にわたるプロセスとなります。

本書の著者であるスーザン・ケインは、蘭の花をたとえとして用いています。「ほかの子どもたちがそこにあるだけで輝かしく咲けるのに対して、一部の子どもたちは蘭の花であり、多くの時間と気遣いを必要としています」

私たちは多くの方法を見つけられますし、子どもたちの本当の声（気持ち）を励まし、聴きとることができるのです。いかなる生徒も取り残されないように努め、すべての生徒が大切に扱われていると実感できるように努力する必要があります。

『*Meaningful Student Involvement: Research Guide*（意味のある生徒のかかわりのためのリサーチガイド）』（未邦訳）を著した、生徒の声や意見を専門分野とする国際的な権威であるアダム・フレッチャーは、学校経営に生徒の声を取り入れることについて次のように述べています。

「生徒の声をただ聞くだけでは不十分です。教師は、生徒とともに何かをするときに道徳的な強制力を発揮することができます。だから、意図的に生徒を巻き込むことが学校改善の要点となります。それは、教育や集団、民主主義といった枠組みのなかにおいて、生徒の責任感を高めようとする教育課程のすべての活動に生徒を結びつける営みとなります」［参考文献33］

「選択」と「声」がもたらす恩恵

教室で生徒の発言があるか、そして生徒自身の選択があるかどうかについては、教師の適応性や柔軟性が重要となります。すなわち、教師自身がさまざまな可能性のなかから選択するということです。

たとえば、あるときは活動の参加者になり、必要に応じて生徒が話していることを取り上げます。教室は安心できる場所でなくてはいけません。すべての参加者が尊重されていると感じ、やり取りをするうえでも、学問のうえでも、そして気持ちのうえでも学びに向かっていける場所であるということです。

つまり、他者の視点をお互いに受け入れられるところであり、不安を克服し、個性を発揮し、自己有用感が成長するところなのです。リアルな交流が日々の基本となっていて、生徒がそれぞれ責任をもつ教室においてこそ、豊かな学びはもたらされるのです[7]。

---

(7)　この点については、『生徒指導をハックする』（ネイサン・メイナードほか／高見佐知ほか訳、新評論、二〇二〇年）に詳しく書かれていますのでぜひ参考にしてください。

教師と生徒のパートナーシップが生まれる

生徒にとってかかわりがあり、本質的で、興味のある話題や題材を選びだすには、生徒の意志と選択を取り込むことが大切となります。自分たちがクラスや行事を組み立てていく主体者であること、そしてみんなに貢献することの真の意味がそこにあると気づいたとき、生徒は学びを自分のものにするでしょう。

ですから、探究、質問など、話し合いができる「教室環境」では、教師もまた「生徒とともに学ぶ人」であることが求められます。生徒が主体者意識をもつためには、教師だけでなく、生徒自身が学びの責任を引き受けること、評価基準や評価そのものを一緒につくることが必要です。また、自分たちが出合った題材そのもの、それに対する反応の変化について発言する自由があること、そして教室が機能するように手を加えられることなどが必要になります。自分自身の学びについて相談に乗ってもらいながら、自ら学習活動づくりにかかわれるとき、生徒はもっともよく学ぶことができるのです。(原注)

聴きあうコミュニティーが生まれる

発言権をもつ参加者であるとき、生徒は探究活動のなかで誰が除け者にされているのかに気づき、分け隔てなくすべての声に耳を傾けるために何ができるかと考え、そして変化を起こしはじめるでしょう。生徒は、個人として発言することはもちろん、ほかの人に話を聞いてもらえるようにするには何ができるかと考え、見方そのものが変わってきます。

彼らは、話し手や聞き手として影響を与える要因となるもの（文化、経歴、言語、個人あるいは集団のなかでの個性、感情や興味、願望や能力など）の大切さを認識しはじめます。協働的な状況、すなわち生徒の発言や個性が認められ、みんなが受け入れられる状況のなかで、生徒と教師が一人の人間としてともに参加していくことでコミュニティーの感覚が育っていくのです。

学びの動機が生まれる

生徒は、目にする文章に対して、クリティカル(8)かつ創造的に迫ることを学びます。そして、学

（原注）「私たちが生徒に耳を傾けさえすれば、ほかならぬ生徒が、好きなことや嫌いなこと、教師がどうすればより良くなるかということについて話してくれます」ハミルトン・ウエントワース教育委員会の教育部長であるジョン・マロイの言葉。

(8)「批判的」とよく訳されますが、それが占める割合は四分の一か、せいぜい三分の一ぐらいです。より多く占めるのは「大切なものが何かを見極めること」と、その反対の「大切でないものを見抜くこと」です。創造力を育むこととあわせて、日本の教育ではもっとも欠落している部分の一つではないでしょうか。

びに対して積極的な姿勢を成長させていきます。ひとたび、考えや思いを伝える機会を求めるようになると、自分がそのときに何を考えたのか、どのような反応をしたのかが自身の課題になります。資質や能力がついたこととの実感と自分たちの能力への信頼が高まれば、自信と動機が向上することは間違いありません。

生徒は、成長を続けるコミュニティーへの参加を通して知識を構築し、活動の成功に向けて夢中になって取り組み、成功から満足感を得ることを学んでいきます。自分の人生経験をもとに、出合った文章に一人の人間としてつながり、「自分だけの学び」の主体者となっていくのです。

自らの人生に影響を与えうるアイディアを発見する機会さえあれば、成長を続ける自分自身を表現し、探究します。また、リアルな動機のためであれば、他者の理解を求めてそれぞれの立場や意見を関連づけ、文章に意味をもたせようと意識しながら読み・書きの能力を向上させます。学び手として、自分の役割と責任を自覚していくというわけです。

対話の学習が生活にもいかされる

教師は、クラス全体、グループ、またはペアで、思慮に富んだ対話や話し合いに生徒を巻き込めるように学習活動を組み立てます。こうした機会により、生徒個人の思考、仲間同士での思考に対して効果的に挑戦することができます。すると生徒たちは、協働する活動を通して、学びや理解の向上、変更、修正、深化を絶えず振り返ることになります。

こうした経験は生活の場面にもいかされます。人の意見に基づいて話す、話す順番を守る、人のものの見方に気づく、会話を進める、アイディアを修正・適用する、ほかの人の考えとつなげる、探究する、質問する、グループのリーダー役を務める、話題の提供者との会話を手がかりとする、代替案を探す、新たな話題を提起する、個人的なエピソードを共有する、そして新しい情報を既知の情報と関連づけることなどです。

生徒間の相互作用は、すべての場面でリアルな意味に気づくようにサポートするものです。また、学習のなかにおいて、個人としての考えとほかに与える影響とをみんなで理解することにもつながります。

教科書以外のリソースが生まれる

グローバルな理解を進めるために、あるいは重要な話題・論点にかかわる自分の見方を広げるために、インターネットや本（フィクション、ノンフィクションともに）、新聞や雑誌、ゲスト・ティーチャー（直接あるいはオンラインで）など、豊かな情報源に出合わせる必要があります。そうすることで、深い考えを得たり、見方を変えたり、旧来の考え方に挑戦したり、深い探究に取り組んだりすることができます。

COLUMN ▶▶▶ 生徒の声に耳を傾ける＝教師は口を閉じる（ジェフ・ウィルヘルム）

教師の力量というものは、話すこと、目的を示すこと、コントロールすることを通して生徒に働きかける技量を示すものではありません。むしろ、聴くこと、配慮すること、協働することといったように、生徒と一緒になって活動する姿勢にこそ、その真骨頂があります。そうするからこそ、生徒たちは自ら活動するようになるのです。［参考文献66］

「**口をふさいで教える**」には、新しい考え方やこれまでとは違う学習の進め方、そして目的が明確となっている活動が必要です。

「**身につけること**」には、考えること、話すこと、書くこと、構成すること、演じること、応用することなどが含まれます。

「**チームで取り組むこと**」には、傾聴、観察、反応、見ること、反応すること、そして生徒に継続的な刺激をもたらし、学ぶ技量を育てるといったさまざまなやり方で協働することが含まれます。

「**教えること**」には、時に知識だけでなく、知りたいという意欲やそれを知るためにはどうしたらいいのかということにまで及びます。

「**学びそのもの**」には、なぜ学ぶのか、どのようにして学べばよいのかも含まれます。おそらく、生涯にわたる継続的な自己探究の姿勢とスキルにもかかわってくるでしょう。

こうしたことのすべてが、「口をふさいで教える」ことの意義であり、ドナルド・フィンケルが『*Teaching with Your Mouth Shut*（教師が自分の口を閉じて教えること）』［参考文献32・未邦訳］という本のなかで書いていたことと同じです。フィンケルは、教師が口を閉じて教えるときにはやるべきことがたくさんあることを示し、それは、生徒が活動に主体的に取り組み、理解を構築する際に貢献するものだと指摘しています。

活動のすべては、生徒に自分の声とお互いの声に耳を傾けさせるものです。そして、教師に対しては、生徒の声に耳を傾けさせるものともなります。［参考文献67］

こうした豊かな学習環境があることで、初めて生徒はあらゆる種類の題材と、それらの題材から生じた自身の反応を選びとることができるようになります。(9) 生徒一人ひとりが探究している課題からもたらされる見方と知識によって、クラス全体が恩恵を得られるのです。

コミュニケーションの技術が向上する

生徒の心の声を教室の日常生活に取り入れることができれば、自分の生活に関連する課題を探究し、主張をより明確にし、複雑なことについても自信をもって議論する機会が生まれます。また、十分な動機をもって振り返りを行い、自分の考えや意見を修正するようにもなるでしょう。さらに、人に伝えることや人を説得することの必要性を理解します。話を聞いてくれるそれぞれの人のポイントを把握し、自分が何を説明したいのかということを明確にしたり、再考したりするようにもなるでしょう。

---

(9)　生徒たちに選択を提供することの大切さと具体的な方法について詳しくは、『教科書をハックする』（リリア・C・レント／白鳥信義ほか訳、新評論、二〇二〇年）、『ようこそ、一人ひとりをいかす教室へ』（前掲、北大路書房）、『教育のプロがすすめる選択する学び』（前掲、新評論）、『「おさるのジョージ」を教室で実現！』（ウェンディ・L・オストロフ／池田匡史ほか訳、新評論、二〇二〇年）を参照してください。

「声」を聞くこと＝信頼を得ること

私の同僚であるスーザン・エリオット－ジョーンズは、「生徒の声」をテーマとするグループをつくりました。以下の引用は、私たちの主張におけるもっとも重要な部分となります。

「私たちは、生徒の声がなぜ重要であるか、また教師がどのようにすればカリキュラムを横断して生徒の声を活用する機会を組み込むことができるか、ということについて深く考えるように提唱しています。対話・会話を通して生徒の発言や意見が成長することは、生徒を能動的にし、学習に対する責任を負った（すなわち、自らを振り返ることのできる）参加者となることを促す、学習過程の最重要ポイントとなります。そして、一人ひとりの主体者意識の成長を中学・高校の教室で積極的に支援すべきです。カリキュラムを横断する形で生徒の発言・主張を促すためには、教師も教員養成課程の大学生も、話すことそのものを学ぶという体験をすることが効果的となります」［参考文献31］

実践例①「ルーツが外国にある生徒」――リンダ・クリステンセン先生の実践

教師と生徒が物語の作者が発した言葉や主張について話すときは、言葉の選択や文の調子、文体などに触れます。一方で、説明文を読んだときには主張を読みとります。私たちは特定のコミュニティーの言葉を用いますが、それには、時として、特定の世代・階級・民族性を代表する書き手、語り手、あるいは個人のアイデンティティーが表現されています。その主張について語り合うとき、そうした環境や状況にも触れるようにしましょう。

　生徒には、主張に対して質問する術（すべ）を教えなければなりません。誰の主張が聞き入れられ、誰の主張がそうならないのか？　誰の主張が排除されるのか？　主張というのは、ありがちな評価規準（チェックリスト）に基づいて点数で測るようなものではありません。だからこそ、リストから目を離し、代わりに世界で渦巻いているさまざまな主張に注目すべきなのです。次のようなたくさんのやり方があります。

・多様な方言で書かれた作品を読みあう。
・生徒が本当の主張をするために、詩作や語りのなかで母国語を使うことを励まし、その言語がクラスにおいて市民権を得られるようにする。
・先住民の言語、植民地主義、言語の絶滅、または言語の経歴に注目させ、言語と権力の関係を批判的に調べるよう生徒を促す。
・彼らの提出物に返答するとき、母国語を尊重するようにする。語りや文章の間違いを指摘する代わりに、母国語と標準的な英語との違いを説明する。

使用法が正しいか間違っているかを指摘する代わりに、生徒が（聞き手のために適切な言葉を選ぶための）ギアチェンジを学ぶようにサポートしましょう。では、書く活動のなかで、生徒の言葉を育むこと、そして言葉の力を学ぶためのサポートを実現するためにはどうすればよいのでしょうか？

まず、正しくできている部分を伝えることからはじめましょう。多くの生徒が、余白にペンで書き込まれたり、指導されることを恐れています。「間違い」、「ここも間違い」、「コンマの付け方で一〇点減点」、「過去形はどこ？」などです。言語の教師は、間違いを探すといったことに慣れすぎているきらいがあります。英語（国語）教師の天国では、もっともたくさんの間違いを見つけた人にご褒美をあげることになっているのでしょうか？

私にも覚えがあります。まだ仕事に慣れていない初期のころ、ジェラルドという生徒の作文の誤りをすべて訂正したことが理由で、彼が「熱心な生徒」から「挫（くじ）けた生徒」へとすっかり様変わりしてしまう様子を目の当たりにしました。本当は、そうしたやり方から一八〇度転換し、生徒が正しくできていることを探さなければならなかったのです。(10)

もちろん、生徒の作品が間違いだらけだったら、前向きなフィードバックだけを返すというのは責任放棄となるでしょう。生徒は言葉の力を十分に活用できる方法を知る必要があるからです。標準的な英語といえども、数ある言葉のうちの一つにすぎないと生徒が気づいたならば、私たち教師は複数の言葉を使いこなせるように手助けすることができるでしょう。バスケットボールのコートで適した言葉、スピーチやディベートに適した言葉、食卓に適した言葉、自分自身を表すのに適した言葉など、いろいろあります。［参考文献23］

実践例② 「書くことに困難のある生徒」――シェリー・マーフィー先生の実践

読み書きに困難のある生徒が多様な本や文章を読み、反応しながら交流できるように助けるためにはどのような方法がいいのでしょうか？　シェリー・マーフィー先生が、こうした読み書きに困難のある生徒を支えるための方法を紹介してくれました。

・書く前の段階でのサポートを手厚くし、数分間のブレインストーミングをしましょう。

注意欠如・多動性障害（ＡＤＨＤ）の生徒は、この大切な準備の段階で固まってしまいがちとなります。管理機能の発達が十分でないため、計画や構成を十分にすることができないからです。私の場合、三、四分のカンファランス時間を設けて、計画を助ける、(11)別の生徒とペアにする、書く形式（たとえば、絵、歌、詩、出来事）を提案する「見える化シート」を使うように指導する

(10)　翻訳協力者からコメントを紹介します。「正しく書くことにこだわって、生徒の作文を赤ペンだらけにしてしまうのは、生徒の能力を否定するだけでなく、書こうとする気持ちまで殺してしまいます。じゃあ、先生が気に入るように書いてよ、となる。書くことにかぎらず、あらゆる活動の場面でよく見られる光景です」

といった方法をとっています。参考として、書き込み済みの「見える化シート」を例として示すのもいいでしょう。

・**書くプロセス（構想、下書き、修正、編集、校正、出版）の段階を明らかにして、何度もその生徒のところに行って教えます。**

・**教えたら、次は段階（ステップ）に分けてガイドしながら行ってもらいます。**

特別な機能障がいのある生徒は、一度に複数の段階（ステップ）を示されると認知面で負荷を感じるときがあります。完全に、話が頭に入らなくなってしまうかもしれません。それぞれの段階（ステップ）できちんと教え、さらにその都度、数多く、即時のフィードバックを与えると、生徒の作文を大きく改善することができます。具体的には、以下の手順となります。

書く前に、段階（ステップ）を教えます。①こんなふうにやります（やり方の提示）、②こんな感じになります（ゴールの提示）、③次はあなたがやって、私に見せてください（実際の作文）、④私がフィードバックします（教師によるフィードバック）、⑤次に進みます（活動の区切りの提示）。

こうしたサポートは、できることのレベルが上がるにつれて減らしていくことができます。[12]

・**それぞれの場面で、生徒が必要とする具体的な段階（ステップ）が分かるようなチェックリストをつくります。**

・一〇～一五分の書く時間を設け、書いたものをほかの生徒と交換し、フィードバックをもらうようにします。

・パソコンで作文を書くという選択肢も提供しましょう。

デスクトップ型かノートパソコンを使い、運動スキル（視覚・操作性など）の弱いところを補います。(13)

・補助となるディジタル機器・ソフトの使用を提案しましょう。

音声認識システムは、生徒がキーボードを打たなくても、話や考えたことを文字に起こしてくれます。また、予測変換ソフトは、文法、語彙に悩む生徒のサポートをしてくれます。さらに、「話すワープロソフト」もあり、音声によるフィードバックと修正や編集をしてくれます。

---

(11)「シンキング・ツール」とか「思考ツール」と言われます。自分の考えを形にして見えるようにする手助けとなるワークシートや様式のことで、「graphic organizer」で検索するとたくさんのシートを見ることができます。

(12)極めて効果的な教え方として、前段階の極めて短い「焦点を絞った指導」に続く「教師がガイドする指導」のことです。これら二つを含めた四段階については、『「学びの責任」は誰にあるのか』（前掲、新評論）に詳しく書かれています。なお、このような教え方は、障がいのあるなしには関係ありません。

(13)これも障がいのあるなしに関係ありません。訳者の一人である吉田は、原稿用紙恐怖症を学校教育で植え付けられてしまったせいで、二〇代の後半にワープロが登場するまで文章が書けませんでした。また、翻訳協力者から、「夏休みの作文課題をパソコン入力可にしたら、提出率が上がりました」というコメントをいただきました。

・作文に代えて、生徒の強みをいかした発表を奨励しましょう。

口頭による報告、録画、ドラマによる発表、歌、パワーポイントによるプレゼンテーション、絵、ダンス、朗読劇などの発表を認めてあげましょう。

・時計（時間）を度外視しましょう。

書くことの課題（またはテスト）の時間を測っているとき、ＡＤＨＤの生徒にとっては、追加の時間を提供することは必ずしもよいことではありません。注意力や集中力の問題が増えるばかりです。その代わりに、立ったり、歩いたり、いたずら書きができるといった二～三分を提供するのです。この時間は、テストや課題の時間には含めません。

テストや課題を小さなまとまりに分け、その都度ひと休みすることは、注意力や集中力を高めることになります。そうすることで、テストに集中して取り組む時間を増やすことができます。よって、より長い時間をかけて取り組ませるという意味ではありません。

実践例③「二一人の少年が私に教えてくれたこと」（原注）

幸運にも私は、少年たちと読み書きについてのカンファランスを映像に収めることを目的として、郊外のある小学校で、一年生から八年生までの二一人の少年にインタビューを行うことができました。二日以上にわたって一人ひとりと面談し、読むこと、書くこと、そして教室で起こっている読み書きの出来事について話をしました。インタビューの際、会話シーンを収録するカメラの存在を少年たちが忘れるまでに一、二分くらいしかかかりませんでした。とくに工夫を凝らした質問はしませんでした。ただ、彼らの話の流れに乗ろうとしただけです。

インタビューの映像を見ると、少年たちの自信と心を開いた会話内容に驚いてしまいます。子どもたちを育み、エキサイティングな学びを提供する学校から生まれたのが彼らなのです。図書館、コンピューター室、壁に描かれたアート、そして先生たちが互いに高めあっている様子の一つ一つが、生徒がここでうまくやっているのだ、ということを雄弁に物語っていました。このような学校文化は歓迎するものであり、生徒と教師がその学校文化を体現していました。

時々ですが、少年たちの回答は私を驚かせました。と同時に、自分たちの実践を磨くにあたって生徒が共有してくれている考えを、ほとんどの教師が活用していないことに気づかされました（授業をつくるにあたっての提案について、率直な生徒のコメントをどのように利用し、応じるかというモデルを示しました）。次ページから六二ページに示されている記述は、彼らの読み書きの実態について話してくれたことの一例です。

（原注）　筆者は読み書きに困難を抱える少年たちの取材を試みました。生徒たちの全体像を明らかにするために、異なる能力をもつ多様な少年たちを撮影するということで、学校は許可を出したようです。とても革新的な試みであったと言えます。

生徒の回答	気づき
生徒1　毎晩、お父さんは寝る前に弟と私に本を読んでくれます。 **私**　今、何を読んでいるの？ **生徒1**　『ペンギン・ブックの北欧神話』。『ハリー・ポッター』は読み終わったから。	私たちは、生徒が選ばないような本を読み聞かせ、共有しよう。
生徒2　毎週土曜日は友だちと図書館に行っています。そこでブラブラするのが好きです。パソコンで遊んで、本を借りて帰ります。好きなのは、マンガとグラフィック・ノベル。	私たちは、図書館の存在とともに、そこで子どもが選択することを尊重すべきだ。
生徒3　先生役の生徒が読み聞かせしてくれる。彼女は、キャラクターによって声を変えて読んでくれるんだ。	私たちは、解釈する力を用いて読み聞かせを行っている。
生徒4　普通、男の子は冒険の本を読んでいる。危険なやつさ。女の子はバービーのお話を読んでいるね。	私たちは性別によって本を選んでおり、しかもそれが一般的となっている。
生徒5　兄は『聖書』を読んでいます。	家庭が信仰している読み物を尊重しよう。
生徒6　男の子も女の子も、似たような本を読んでいると思うな。 **私**　君も、恋愛ものを読むの？ **生徒6**　そう、いつかね。その気になったら。	生徒の読み書きの段階と、その成長を理解しよう。
生徒7　２年生になっても上手に読めなかったので、夏にお父さんが図書館の本で教えてくれました。厳しい言葉だったけど、怒鳴ることなく応援してくれました。	保護者との協力関係は大切だ。

生徒の回答	気づき
生徒８　パソコン室で活動するのが好き。マヤ文明についての雑誌をつくっているよ。	映像、または音声の情報を組み込むとよいだろう。
生徒９　お父さんは新聞を読んでいます。 **私**　どんな？ **生徒９**　スリランカの新聞。でも、英語の新聞も読んでいます。	家庭で用いられている言語を尊重しよう。
生徒10　おばあちゃんが２階に住んでいます。恋愛ものを読んでいるんだ。とくに、悲しいやつね。	読み書きについて、家族が子どもにとっては教師であることを認識しよう。
生徒11　先生は、今年すでに３冊も小説を読んでくれたよ。	読み書きに困難を抱えた子どもには本を読んであげよう。
生徒12　週末しかテレビゲームをしちゃいけないんだ。	ディジタル機器については時間を管理しよう。
生徒13　友だちと僕は、子どもがいない王様の物語を書いています。後継ぎがいないんだ。出版社に送ったけど、返事はなかったよ。	生徒の作品を公表する機会を探そう。
生徒14　先生は、ライ豆についての面白い本を読んでくれるんだ。これが、くだらないんだよ！	時には、くだらなくても面白い本を読んであげよう。
生徒15　僕が学校図書館から借りてきた本をお母さんが読んでいるよ。	図書館を利用する親を認め、サポートしよう。

生徒の回答	気づき
生徒16　アンドリュー・クレメンツの『こちら「ランドリー新聞」編集部』［参考文献24］を読みました。 **私**　どんな話？ **生徒16**　怠け者で、生徒のために一生懸命やらない先生の話。 **私**　きっとフィクションだよ。先生はそうじゃないでしょ？ **生徒16**　少しはそんなところもあるよ。	認識は、各々の現実に基づいていると理解しよう。
生徒17　３年生の読み仲間（相棒）と一緒に活動しています。彼が読むのを聞いて、僕らはその話について話をするんだ。きつい言葉を使うこともあるけど。	異なる学年の読み仲間（相棒）を設定しよう。
生徒18　自分の村のことと、「ババ」についてのお話を書きました。知っているでしょうけど、手相から未来を言い当てる占い師のことです。	学校外の生活を尊重しよう。
生徒19　私はそんなによい読み手ではないです。読書感想文を毎回書かされるんだけど、とても大変です。	読書感想文よりも、もっと有効なやり方に置き換えるべきだ。
生徒20　シルバー・バーチ・コンテスト(＊)のために、20冊中17冊の本を読み終えました。違うジャンルの本を読まなくてはいけないんです。	動機づけとして、読むコンテストを設定しよう。
私　あなたが読んだことがあるのは誰の本ですか？　男の人で、本を読む人を知っていますか？ **生徒21**　（長い沈黙のあと）あなた。	すべての生徒にとって、私たち教師は読み書きのモデルなのだ。

（＊）オンタリオ図書館協会が実施しているコンテストと思われます。

アイデンティティーは小さなころから

教師生活を終えたころ、私の孫たちが言葉を発達させていく様子を目の当たりにしました。まさしく驚くような体験でした。彼らは最初のひと言を発し、それが文章となり、気持ちを表現し、考えを示し、本物の会話へとなりはじめたかと思うと遊びのなかでその力を発揮し、さらには、新たなアイデンティティーが形づくられていく過程を示してくれました。その様子を、私はずっと聞いてきました。フェアな行い、振る舞いの是非、そして意見は、日々の会話のなかで内なる声が現れはじめたときからあったのです。

この体験から、幼少期の声に対する接し方を考え直しました。結果として、「何て言ったのだろうか?」という問いが適切なものではないと確信しました。その代わり、小さな子どもが話すのを聞いたときは、次の質問を考えるべきです。

「何を意味しているのだろう?」と。

五歳のとき、マラは両親のことを「ダディー」、「マミィー」と呼んでいましたが、私と話すときには「ジェイ」、「ケイティー」（父親と母親のファーストネーム）と言っていました。マラは、親としての呼び名と、一般的な人としての呼び名を理解していたのです。彼女は、アイデンティティーの一部であるものの見方を形づくりはじめていたわけです。
親愛なるリアは、五歳のときに以下の言葉を書き表しました。見たものすべてに対する感動が、その声のなかにはっきりと現れています。私たちは、その内面の充実さをとても喜びました。

むかしむかし、そこにながめがありました。
丘と緑の草と、
お花と日が沈むのと雲と。
人々はそれが大好きでした。
ほんとうに。
もし、あなたがそこにいたら、
そのときお日様が沈んだら
とてもきれい。

政治が支える学校・教育・アイデンティティー

カナダのいくつかの州では、すべての年齢層とさまざまな地域の代表者約六〇人の生徒で構成されている「学生諮問委員会」（首長の主宰）を設置しています。委員会のメンバーは、自分たちの学校を改善する方法について、州の教育大臣に対して自分の考えやアドバイスを提案することができます。

たとえばオンタリオ州では、二〇〇八年に首長が、「教育法第10条（a）」に基づく大臣の生徒諮問委員会を創設する法令に署名しました。そして、史上初の首長会議が一年後の三月一二日に開催されました。それ以来、州内の生徒は公教育制度を強化し、改善する方法について意見する機会を得たのです。

委員会の目的は、若者を「変化の担い手になる」ようにエンパワーすること[14]でした。委員会のメンバーは大きな夢をもち、声を上げ、州内のほかの生徒のために行動するようにと奨励されています。彼らは教育大臣に直接見解を述べることができますし、視点を共有し、変化の担い手となることができます。

委員会メンバーとして生徒たちは、年に二回教育大臣と面会して考えを共有するようにしています。委員会のメンバーは関心のある事項について小委員会を形成し、それらについて議論する

（14）　エンパワーは、「力を与える」や「権限を委譲する」と訳されることが多いですが、「人間のもつ本来の能力を最大限にまで引きだす」という意味です。

ために集まります。生徒に影響を与えうる政策やプログラムについて相談したり、適宜、地域の学生フォーラムに参加したりすることもあります。

次に示されるビジョンは、二〇一一～二〇一二年のオンタリオ州学生諮問委員会が作成したものです。

夢

私たちには夢があります。

……すべての生徒が可能性を見いだし、学校への一体感を感じることができることを。

私たちは夢を見ています。薬物依存の生徒であっても、サポートを受けながら問題を克服し、夢を成し遂げること、そして、そうした生徒たちの声が傾聴され、尊重され、仲間や先生、家族に支えられることを。

私たちは夢を見ています。教師が多様な学習スタイルをもつ生徒たちに対応し、すべての生徒がさらに熱中して取り組むようになることを。

……個々の生徒のニーズに応じた多様な授業を通して、生徒一人ひとりの幸福が認められ、保証されます。

……標準化することもなく、生徒は自分の学習スタイルにあわせて学び、進んで授業に出席します。課外活動が存在するだけでなく、積極的に推進されます。この夢では、生徒は心から参加し、夢中で取り組み、積極的な態度で学校に来るのです。

……生徒は将来の夢を自由に語ることができ、将来のキャリアとつなげる形で情熱を傾けることができ、これらの決定を支援するために必要な機会と教育資源が提供されます。

……誰でもＩＣＴで入手可能な教育資源が得られ、とくに視覚障がいのある人にとっては、望むものや必要とされるものが得られます。

……オンタリオ州のすべての中学校と高校が生徒会を有し、それが普遍的な学校体制となります。そして、その生徒会が現状の位置づけから大きく成長し、直面する問題に取り組む生徒の声を代表するものとなります。

……大きい人も小さい人も、物静かな人も声高な人も、オンタリオ州では環境にかかわらずリーダーになり得ます。学校では、リーダーシップを発揮することが仲間からも教師からも奨励されています。生徒たちには、充実した経験の機会がしっかり提供されています。先頭に立って何かすることを恐れる人はいません。リーダーシップがコミュニティーに前向きな変化をもたらします。

……教師は、みんなディジタル機器を容易に使うことができます。スマートボードや

iPod、iPad、ノートパソコンやタブレットのような機器をどのクラスでも使用しており、オンタリオ州内の生徒は、自分の学校で等しくネットにアクセスできます。

……学校は公平で、ステレオタイプな見方はありません。そのことがコミュニティーで子どもを育て、一つにまとまることやコミュニティーの独自性に結びついています。カリキュラムには、すべての人のための地域学習が組み込まれています。

……生徒がメンタル面の問題を抱えたときには、注意喚起やサポートをするために学校と医療機関や研究機関が連携し、著名人やアスリート、政治家などによって対処が促進されます。さらに、開放的で温かみのある学生カウンセラーが一人ひとりの情報を共有しながら連携しています。

クラスの「声」をいかすための振り返り

・成長を続けるクラスの文化を形成し、維持するためには、生徒の発言や意見をどのように活用したらいいのでしょうか？　あなたの生徒は、話し合いをするときに協働的なスキルを活用しながら、開かれた雰囲気を促進するための役目を担うことができていますか？
・クラス全体での話し合いのとき、ペアや小グループで反応しあうなどのさまざまな手法を取り入れて、生徒の発言や意見を引きだす活動ができていますか？

・グループで生徒が活動する際、一人ひとりのメンバーが参加するような状況を設定し、さらに生徒が相互にフィードバックできるように時間を確保して、活動の共有と振り返りをさせることはできていますか？

・生徒一人ひとりの発言や主張についての成長を、どのようにすれば発見できますか？　彼らの考えていることを異なる方法で「見える化」することができていますか？　また、参加の度合いや参加の障壁となっていることについてはどうでしょうか？

・教室で行われる交流を促すようなイベントにおいて、生徒同士が学びのサポーターとして参加している様子を、どのような方法で「見える化」していますか？

・男子も女子も、すべての生徒が読み書きできるようになるためのさまざまな方法に気づくような学習環境や話し合いを設定していますか？

・いくつかの教室で、性別にかかわらず読み書きが大いに成長している理由は何だと思いますか？　社会的、経済的背景にかかわらず、こうした効果的な変容がいくつかの学校で起こっているのはなぜでしょうか？

第3章

生徒の「声」で大切な仲間づくり

——あなたのクラスでは、生徒の「声」をいかしていますか？

次に紹介するのは、四年生のクラスでドナルド・キャリック作の『*Harald and the Giant Knight*（ハラルドと巨人の騎士）』〔参考文献30・未邦訳〕という絵本の授業を行ったときの様子です。お話の舞台は中世、ハラルドと家族はこの春に男爵から農場を奪われてしまいました。男爵の練兵所が洪水に遭ったためです。

騎士たちは農民の作物を踏み潰し、家畜を奪ってしまいます。ハラルドは、「騎士道」とは何かと自問します。生徒が農民の役をし、私（デイヴィッド）は彼らのリーダー役を務めました。あとでドラマ活動に登場する男爵役は担任の教師です。

デイヴィッド（村のリーダー）　みなさんは、今後のことを相談するために洞窟に行こうとしているところです。男爵のところへ行くべきでしょうか？　自分たちの問題についての情報はもっていますね？　男爵について知っていることは？

（生徒が、男爵のもっている権力について大まかに話しはじめる。）

生徒1　男爵は、このあたりの土地をすべてもっています。私たちは小作料を払っていますが、彼は決して満足していないんです。

デイヴィッド　かつて、男爵のミスで村人が死んでしまったという噂を聞いたこともありますが……？

生徒2　男爵は、私たちの生活の糧（かて）である野生のブルーベリーを摘むことも許さないのでしょうか？

生徒1　どのみち、私たちはずっと洞窟に住み続けられるわけではないでしょう。それに、領地内にある自分の小屋にも住めないでしょう。

生徒3　じゃあ、食料が尽きたらどうやってこの洞窟で生きていけばいいの？

デイヴィッド　もし、私たちみんなで男爵に会いに行ったら、皆殺しにされると思いますか？

生徒4　誰かが忍び込むとか、スパイを送り込むとかできるかな？

生徒2　子どもならできると思うよ。子どもを傷つけることはしないだろう。

（騎士のような格好をすることや変装することについて議論される。ほかの案も出されるが、ほかの人たちから否定される。）

生徒４　男爵を殺して、葬り去るというのはどう？

生徒１　部下の連中が私たちを殺してしまうよ。バカだな。

デイヴィッド　それでは、彼がどのように行動するか見に行きましょう。もしかしたら、彼と話をするチャンスがあるかもしれません。相手を刺激しないように自分の気持ちを抑えてね。

（生徒たちが、試合を観るようにグループ隊形をつくり直す。そこに、男爵が登場。）

教師（男爵）（試合場にいる騎士に叫んでいる。）そうだ！　奴が倒れている隙にやっつけるんだ！……はて、お前たちは何だ？

生徒たち　農民です。今の試合を観ていました。

教師　ふむ、じゃまをするな。……お前たちは、なぜ私のことをそんなに見つめているのだ？

デイヴィッド　これまで、農場で騎士というものを見たことがなかったものですから。

生徒１　どうして作物を踏みつけるのですか？

教師　馬の通り道にあるからだ。

生徒１　そんなの理由にならないですよ。

デイヴィッド　すみません。私が代わってお詫びします。この娘の父親が騎士に殺されたものですから……。

「教師と生徒」から「学び合うパートナー」へ

ドラマ活動でクラスのみんなが物語を探究しはじめると、妙な笑いが起きることがあります。しかし、最終的には生徒は活動に没頭していきます。そうしてのめり込んでいくと、それが言葉に表れます。彼らが自分の信念に従ったり、それを曲げたりするなかで、言葉の力が成長していくのです。

授業の終わりには、物語は原書とはかなり違ったものになっていました。ですが、活動の終わりにもう一度話をしてみると、原書の詳細な部分までしっかりふまえていたようです。「騎士」の概念は、原書に比べるとかなり違った形で深められました。生徒が「騎士」という言葉について視野を広げたところが大切だと思います。私は、生徒が行動を見いだせないときに、もう一度焦点化させる役を担いました。彼らが男爵の立ち位置を知り、女の子の父親が殺されたということの背後にある理由を考えるように仕向けました。

私のアイディアの多くは拒否されましたが、生徒が自分たちの置かれている社会の全体像をうまく描けるように、それでいて村人が騎士をすんなり受け入れてしまうことのないように私は働きかけました。

男爵や騎士とのやり取りから離れると、言葉はくだけたものになり、役から離れていきます。劇中の男爵と騎士が醸しだす緊張感が、考え抜かれた応答を引きだします。もちろん、すべての生徒が即興で話せたわけではありません。ですが、みんなが夢中になり、真剣に傾聴し、観察をしている場面が多々ありました。

上記のドラマ活動をつくりだしていた生徒たちは、確実にクラス一丸となって取り組んでいました。同時に、役のうえで歴史的な問題に取り組み、自分たちの主張を聞いてもらうために協働していました。私が何年にもわたって観察してきた多くのクラスでは、教師と生徒の前向きな協力関係が原動力となって学習を深める効果をもたらしていました。のちに、私は次のように悟りました。

・教師は、生徒一人ひとりに注意を払い、生徒が一人でやれるようになるまでは手助けをし、他者ではなく自らとの闘いに立ち向かわせる。
・教師は、生徒全員が取り組めるようにする。
・教師は、教室と学校のルールについて説明し、生徒と議論する。
・教師は、興味をもって生徒の体験に耳を傾ける。
・教師は、生徒の感情を受け入れる。
・教師は、生徒が挑戦しても大丈夫な雰囲気をつくる。

・教師は、「開かれた」質問をする。(1)
・教師は、新たな材料や情報を提供する。
・教師は、生徒が問題解決できるように手助けする。
・教師は、新たなテクニックを教える、あるいは学んだことを振り返らせる。(2)

目標は、すべての生徒が望み、必要としているカリキュラムをつくることです。(3) 生徒が身につけるべきスキルを無視するということではありません。生徒が交流するなかで、あるいは意味を見いだすなかで必要とあれば教えます。

教師が単なる知識の伝達者から学びの過程におけるファシリテーターへと変化したとき、教師と生徒は協力関係を結び、課題の選択と設定の責任を分かちあうことになります。日々の授業は場面に応じた多様な学習形態を許容し、教師は生徒一人ひとりの必要に応じて教えていきます。授業のやり方、材料、教え方、活動の組み立て方などに関しては、生徒の興味関心や能力、そして教師と生徒の生活背景までも含めて考えます。

生徒が一人で学習することも、グループで行うことも、クラス全体で行うこともあるでしょう。「選択」が教室の授業を統合していくのです。

「クラス」から「リテラシーのコミュニティー」へ

リテラシーのコミュニティー(4)では、グループで成し遂げたことが、個人が一人で達成すること

---

(1)「はい」か「いいえ」ないし短い単語で答えられる「閉じた」質問に対して、少し長い説明を要する質問で、「オープン・クエスチョン」とも言われます。

(2) 翻訳協力者のコメントを紹介します。「日本の教科の授業は、できない生徒を置いていくことで維持されているんだなあと、これを読んでつくづく思いました。特活ならできても教科では無理！ と言われそうな内容です」しかし、そのままでいいのでしょうか？ 教科書をカバーすることから脱して、この次に書かれていることが実現できたら誰もが救われそうです。

(3) この文章および次の段落の最後までで書かれていることは、すごいことです！ 次の段落で書かれてあることの実現に向けては、『ようこそ、一人ひとりをいかす教室へ』（前掲、北大路書房）と『教育のプロがすすめる選択する学び』（前掲、新評論）が参考になります。

(4) ここでいうコミュニティーとは、機械的に割り振られたクラスであることを超えて、学校内外での読み書きすべてを共有し、一緒に学ぶ「仲間」ということです。生徒は教室の中でも外でも成長します。教師として、生徒の経験と生活背景から多くを学ぶことができます。インタビュー、家庭訪問、オリエンテーション、生徒の観察、単なる会話であっても学ぶことは多いのです。そうすることで、彼らの自尊感情や教師への信頼を高め、安心できる環境をつくり、学習過程でリスクをとって挑戦する助けとなります。

COLUMN ▶▶▶ リテラシー

「リテラシー」は、日本で理解しているよりもはるかに幅広い能力を指しています。読み書きだけでなく、言語活動全般についてクリティカルに受け止め、処理し、表現することを含む能力と言えます。

「リテラシーは、社会的・文化的な文脈のなかで意味をつくりだすための思考とコミュニケーションの大事な過程を担っています。それには、読解、解釈、統合、評価、そして考えや経験やアイディアを効果的に伝える能力などが含まれます」（ローラ・コリンズ、Laura Collins）

また、https://thecurrent.educatorinnovator.org/resource_section/the-many-forms-of-literacy では、①ディジタル機器リテラシー、②コンピューターリテラシー、③メディアリテラシー、④情報リテラシー、⑤テクノロジーリテラシー、⑥政治リテラシー、⑦文化リテラシー、⑧多文化共生リテラシー、⑨ビジュアルリテラシーと、９種類ものリテラシーに分類しています（QR コード参照）。

を上回ることになります。コミュニティーのなかで生徒は、何かを知るたびに影響を受け、驚きを感じます。生徒の脳がその知識をどのように構築・再構築しているかもよく分かります。生徒は多様なリテラシーとさまざまな教科領域の基礎・基本を理解し、問題解決や意思決定の際にそれを活用して成長していくことでしょう。

想像してみてください。学校で生徒が一週間、あるいは何か月も興味のあるテーマについて、クラス全体で、グループで、場合によっては個人で探究することを。

・生徒は何を読み、書き、構築し、観察し、記録し、描き、修正し、つくり、批判し、発表するのでしょうか？

・何が生徒の記憶に残り、家の壁にピンで大切に留めておいたり、箪笥（たんす）の上に飾っておいたりするのでしょうか？
・私たちのテーマである多様なリテラシーの方法を、生徒は学校の内外でどのように活用するのでしょうか？
・私たち教師は、どのようにすればこのようなクラスをつくることができるのでしょうか？
・どのように生徒の時間を構成し、彼らの体験を記録として残すことを、どのように手助けすることができるのでしょうか？
・インターネットや本、雑誌、映像なども含めて、どのような資料や材料が生徒の体験をより深めるものとして提供できるでしょうか？
・生徒は学びの責任をどのように負い、それをふまえてどのように表現するのでしょうか？
・すべてのリテラシーがどのように働くのかということについて、教師は生徒に何を教えてきたのでしょうか？

いい学校というものは、このようなコミュニティーの要素の上に成り立っています。さらに、リテラシーが新しく、より広い定義で共通理解されていて（右ページの**コラム**参照）、こうした学校の授業の中心となっているのです。

「選択」のある学校における教師のストーリー

数年前、私はオンタリオ州にある「クイーンストン・ドライブ・スクール」[5]の校長や教師と仕事をしました。この学校には、「声」と「選択」の文化が築かれていました。彼らの考えを聞くと、生徒の「声」にかかわる営みこそが学校に長く成功をもたらした要因だったことが分かります。

次に示す「声」と「選択」にかかわる三つの事例は、コミュニティーをつくるための土台を明らかにしています。当時の校長はポール・ショウという人ですが、彼の仕事は今なお学校に息づいています。ドリス・ブライスとブライアン・クロフォードらの教師とともに、学校全体のカリキュラムのなかで「声」と「選択」がパワフルな学びの原動力になることが認められています。

学習のなかでの選択——ポール・ショウ校長のストーリー

私（ポール・ショウ校長）が赴任したとき、最初の仕事は生徒を知ることだと思いました。ほかの教師と一緒に座り、まず「生徒について教えてください。そして、生徒のニーズを教えてください。変化を生じさせるためには何ができるでしょうか？」と話しかけました。すると、それぞれの教師が自分の考えを話してくれました。うまくいっている学校というものは、生徒に焦点を当て、生徒にとって何が本当に大切かについて理解することに努めている、と私は思いました。校内研修[6]を通して、私たちは知るべきことがいくつかあるという結論に至りました。そして、データ集めをはじめたのです。

教養のある大人は、主体的かつ選択的に読んだり書いたりしています。そこで、生徒がどれだけの選択肢をもっているのかについて測定することにしました。ある日を選んで、教師一人ひとりに教室の記録用紙を持たせ、カリキュラムのなかで何か選択させる機会が、生徒一人あるいはグループについてどれほどあるのかについて、その都度記録してもらうようにしました。たとえば、生徒が英語（国語）の時間に本を選ぶことや、書くテーマを選ぶこと、そして理科で何か探究するものを選ぶことなどが選択肢として記録されます。

幼稚園から八年生までの記録を整理し、それを職員室に貼りだしたところ、思いも寄らないことが明らかになりました。クラス間ではなく、年齢別に比べたときの選択範囲と機会の違いがはっきりと見てとれたのです。なんと、学年が上がるにつれて選択の機会が減っていくということ

（５）　この本のベースになった「トーク・プロジェクト」が行われた小学校で、ピール教育委員会内にあります。
（６）　日本の校内研修とは異なり、教師一人ひとりがどのように成長したいか、専門性を高めたいか、ということに焦点を当てているようです。名称も、「professional development（プロとしての自己開発）」ないし「professional learning（プロとしての学び）」が使われています。日本の校内研修・研究は何を目的にしているのでしょうか？

が分かったのです！　もっとも選択の機会が多かったのは幼稚園で、もっとも少なかったのは八年生でした。(7)

「学習者」とは何か、この点について考えさせられました。明らかに、生徒は自己決定をしていないのです。まったくもって驚くべき事実です。このことがさまざまな議論を呼び起こし、とくに年齢が上の生徒について多くの研究資料を読み、多くの話し合いが行われました。そして、資料ができあがり、そこに七、八年生について私たちが収集したデータが要約され、一連の推奨事項がまとめられています。

教師の何人かは変化の可能性に興味を感じていたので、この資料をうまく取り入れました。一方、ためらいを見せる教師もいましたが、少なくとも資料には目を通そうとしました。とはいえ、この探究のプロセスは「荷が重すぎる」と感じた教師も何人かいました。

私たちはリテラシーに関する活動を通して、「選択」と「自己決定する学習者」に焦点を当てることにしました。私たちは、生徒により自立的に、より自己コントロールさせ、より良い選択をしてほしいと思っています。それゆえ、学校として判断を迫られることになりました。どのように時間割をつくるのか、優先事項は何か、資金をどのように使うのか、保護者とはどのようなコミュニケーションをとるのか、といったことです。

私たちは時間割のなかで、すべての生徒について、一人で「ひたすら読む」時間(8)を確保しました。そうすれば、すべての生徒が一日に少なくとも二回は読んだことについて話すだろうと教師たちは予測しました。また、生徒一人ひとりに「読書家ノート」[9]を準備しました。

三年間を通して、自分の読む本を選び、本への反応や書く題材を自ら選び、よい本を積極的に共有しあえるような生徒を育むように努力してきました。彼らは、それまでの生徒とはまったく違っています。選択を心地よく感じ、自らの責任として引き受けて、しっかりと取り組みます。学習を自分でコントロールできなかったり、オウナーシップ[10]がなかったりしたら、彼らはかえって不安になることでしょう。

---

(7)　日本の学校でも同様だと思います。年齢が上になるに従って、言われたこと、教わったことを粛々とやるような学習になっているのではないでしょうか？

(8)　ひたすら読む時間については、一五六〜一五八ページを参照してください。詳しく説明されています。

(9)　読書家ノートとは、読書についての反応をメモしたり、本の評価をしたり、次に読みたい本をリストしたりするものです。一人の「読書家」として自立して、読書生活を継続するためのノートです。『イン・ザ・ミドル』（ナンシー・アトウェル／小坂敦子ほか訳、三省堂、二〇一八年）、『リーディング・ワークショップ』（ルーシー・カルキンズ／吉田新一郎ほか訳、新評論、二〇一〇年）、『読書家の時間』（プロジェクト・ワークショップ編、新評論、二〇一四年）を参照してください。

(10)　「所有権」と訳されますが、学習そのものを自分のこととして受け止める感覚を指します。人にやらされている／やらなくてはならない、ということではなく、自分の裁量でやっている／できるということです。

選択に基づく授業への道のり――ドリス・ブライス先生のストーリー

もし、誰かが数年前に「今後、あなたはアクティブ・ラーニングとホリスティックな言語アプローチを提唱するようになりますよ」と言ったなら、私はそれを一笑に伏したでしょう。[11]

私は何年も前から伝統的なスタイルの教師としてそれなりに成功していましたから、変化なんていいものだと果たして思えたでしょうか？　しかし、ここ二、三年の授業を振り返ると、授業についての信念や方法だけでなく、生徒がいかに学び、彼らが学習者として必要な環境をいかにつくりだすのかということの理解において、確実に私は変化を自覚しています。

私は、教師としての振る舞いを修正する必要がありました。生徒を「手放す」ようになり、学ぶことや新しいアイディアに挑戦することについて自己決定するための自由を与え、生徒がアイディアを説明し、共有することを奨励しました。また、グループやクラス全体の話し合いの場において、生徒が質問し、知識を共有し、結論を導きだし、教師である私とだけでなく、生徒同士が交流するための機会を設けるようにもなりました。すると、彼らはますます自立した学習者となり、日常行うことに対して責任をもつようになったのです。

探究の目的・目標の設定、やり方についての話し合い、振り返りの場面で、生徒と私はパートナーのような関係となりました。すべての活動が選択できるわけではありませんが、少なくとも書く活動においては、表記や文法などの決まりを正すことにこだわらなくなりました。

また、必要に応じて評価方法も変わりました。国語だけでなく、教室でのすべての教科と活動から言語能力の発達にかかわるデータを集めるようになりました。生徒は、話し合いや個別カンファランスを通じてこの評価に参加しています。

このような新しい教育方法を、私はよいものだと感じています。学びは、よりゆとりのある環境で行われますので、生徒は学びの責任を引き受け、必要とされる決定を自ら下す状況にのめり込んでいくことになります。そして、(12)教師は必要があるときに励まし、働きかけ、相談をするためにいるのだ、と思うようになりました。

声と選択のある教室づくり――ブライアン・クロフォード先生のストーリー

小学校低学年の生徒を教えていたころのジャーナルを読み直すと、「選択」が私にとって大切

(11)　教師と生徒という上下関係や、考えることよりも知識を教えることを重視してきた二〇世紀における教育形態に代わり、人間の生きる意味を知るという目的のため、あらゆる方法を総括的に実践することで教育の進化を目指す運動を指します。

(12)　翻訳協力者の一人が、この部分を読んで次のようにコメントしています。「教えないことを恐れる人がまだまだ多いですが、やはり探究型、課題解決型にしていかねばならないと思います」

な存在であったことが分かります。学校がはじまる前日、学級開きをするにあたり、自分がどのくらい影響を与えるのかということばかりをメモしていました。つまり、クラスづくりでバランスをとることに集中していたのです。影響力をもちすぎていないか？　何かの決め事について、私が教室にいることで生徒が意識してしまうのではないか、といったことです。

九月に生徒が初めて教室に入ってきたとき、彼らは家具と箱がたくさんあることに気づきました。人によっては、乱雑な部屋に見えたことでしょう。そこからブレインストーミングをして、振り返りをし、話し合いをし、考えを組み立てて教室のプランを練っていくのです。この流れは、個別および小グループ、さらにクラス全体で行います。こうした場面は「選択」への入り口となります。その夜、私はジャーナルに次のように記録しました。

「教室の構成は、私が期待していたよりもよかった。ブレインストーミングでは、生徒は自分たちに必要な素晴らしいアイディアを提案した。教室で必要とするものについて、彼らはすでに気づいていた。活動しているときは集中していた。なぜ、あるものをそこに置いたほうがいいのかということについて、しっかりと話し合うことができた。疑問を投げかけあうこともできた。六つのグループになって情報を出しあい、クラスの青写真とすることができた」

これは、はじまりにすぎませんでした。最初に示したように、私は生徒にとって選択することが大切だと考え、それを要求します。かつて両親は、私の記憶を掘り起こし、私が選んだ理由を説明させ、どのように交渉したかを振り返らせました。ある意味、私は同じ方法でカリキュラムについて生徒と「交渉」をしていたのです。それは、選択のあるクラスにおいてもっとも大切なこととなります。

生徒が自分の興味・関心について私と話し合い、それをどのようにしたら学習活動として実行に移せるかを考えました。彼らの選択は、そのほとんどが州や教育委員会が設定しているカリキュラムに沿うものでした。ひとたび探究する領域を決めたなら、私の主な役割は、できるだけ生徒が探究できるように可能なかぎりの方法を提供する、ということに移行します。

もっとも大切な成果は、生徒たちが自らの学びに対してどんどん責任を負うようになることです。選択する権利をもった学習者はいつも自分の目標を設定しますが、そのことが彼らにとっては重要であり、学びが意味のあるものであると気づかせることにつながります。選択という考え方が生徒を触発し、次のような文章を書かせるに至りました。

選択は大切です。

選択は、私にとってとても大切なものです。クロフォード先生は私にたくさんの選択をさせてくれた初めての先生です。社会科の授業では勉強したいことが選べました。それから、誰とパートナーとなるかも選べました。ほとんどすべてについて選択ができました！

学期初めに、クロフォード先生は教室をデザインさせてくれました。誰もが、この教室はクロフォード先生のものでなく、自分たちの教室だと言うでしょう。その教室をみんなで使っています。もし、選択することができなかったら、いろんなことに参加しなかったでしょう。先生が生徒に望んだところで私たちが興味を示すとはかぎりません。しかし、自分が好きなことなら、より興味を示すかもしれません。だから、子どもは選択をするほうがいいのです。

毎日の生活は選択の連続です。昼食に何を食べるのかといった小さなことから、ドラッグを拒絶するという重要なことまであります。誘惑されるようなことでも、やってはいけない選択もあります。たとえば、店からキャンディーを盗むといったことです。選択が難しいときは、その選択の結果をよく考え、ほかの人と相談したほうがいいでしょう。誤った選択をしてしまったら、その結果から学ぶべきだし、二度と同じ失敗を繰り返さないようにすべきです。

私は、一日の大半を教室で過ごしています。その教室は選択ができる場所です。私の一年は、自分たちの部屋について、そして何を必要としているのかという選択からはじまりました。私たちは、欲しいと思っているものをすべて用いて教室をいい状態に仕上げました。今や、この部屋は私たちの部屋なのです。

読み書きについては、最初はゆっくりでしたが、自分の本や題材を選ぶことが新入生の助けになったと思います。私が新入生だったときは確かにそうでした。一生懸命紙に書きました。算数や社会、美術なども選択がいっぱいでした。どのように説明するのか、またどのようにするのかについても選びました。

時が経ち、先生が望むような生活をさせられることがなくなったら、そのとき私たちは自立するでしょう。すべてのクラスに選択があるわけではないですが、自分のクラスには選択があってよかったです。

シャロン（九歳）

「選択」のあるクラスのさまざまなやり方

クラス・ミーティング

ドナ・スタイルズ先生は、クラス・ミーティングのメリットをたくさん挙げています［参考文献54］。とりわけ重要なことは、生徒の責任意識を高めるということです。定例で開催されるクラス・ミーティングでは、学校のルールに関する議題はあまり取り上げません。しかし、問題があったときはそこで話し合われ、生徒たちが問題行動に対する対処の仕方を決定します。

仲間同士でよくない行動を取り上げ、クラス・ミーティングで話し合うようになると、生徒は自分の行動に対する責任を強く感じるようになります。ちょっとした係をいくつか設けて、楽しい活動を計画・調整する機会を生徒に提供します。

スタイルズ先生は、みんながクラス・ミーティングを大好きになると言い、さらに特別な配慮を必要とする生徒のインクルーシブ教育においても優れたアプローチである、と報告しています。

クラス・ミーティングの準備

いくつかのキーポイントがクラス・ミーティングを効果的なものにします。

・生徒たちが椅子を円形に並べ、机は教室の脇へ寄せる。
・クラス・ミーティングは毎週行う。
・基本は、まず以前の件を話し合い、その後に新しい件について対処する。
・毎回、指定された生徒が進行役を務める（順番制）。
・問題点と提案が話題となる。
・生徒がお互いに勇気づけ、感謝を示し、褒めあうように促す。

COLUMN ▶▶▶ 大切なのは……過程を信頼すること

問題解決の過程に信頼を置いてください。そして、あなたの生徒がミーティングを進行できること、主体的に参加できること、納得がいく解決に至ること、さらに意義のある決定ができることを信頼しましょう。

・とくに進行役には、話している人とアイコンタクトを取り、大きな声ではっきりと話すように促す。

クラス・ミーティングの準備として、学期初めの数週間を使って、二、三回のレッスンを行うといいでしょう。レッスンのテーマは、励ますことの意義とそのやり方、創造的な問題解決の仕方、日々の活動で起こる問題や行事などにしますが、まずは円形になって話し合うことに焦点を当てましょう。教師が進行役を務め、何度か進め方のモデルを示しながら練習をし、それから生徒に進行役を任せます。一年の間に進行役が全員に回ってくるようにします。

クラス・ミーティングにおいて、教師と進行役の生徒は参加者の期待に応えるようにしましょう。教師は「コーチ」として振る舞い、必要とあれば進行役に対してアドバイスを与えます。また、クラスの「記録係」も務めます。さらに、求められたら情報を提供したり、建設的な雰囲気となるように発言することによって、クラス・ミーティングの「参加者のモデル」としても貢献します。

進行役の生徒は、クラス・ミーティングで問題を解決したり、提案を検討したりするために話し合いをスムーズに進行し、合意された手順に従っているかどうかについて注意を払います。クラス・ミーティングの参加者となる生徒たちは話題について議論を続け、質問すること、明確にすること、問題や考えを再提示すること、仲間がルール違反のときは知らせてあげること、そして話し合いの内容を要約することなどを行います。

教室に設置されたボックスに用紙を入れることで、誰でもクラス・ミーティングの話題を提案することができます。用紙には、名前と日付、話題にしたい新たな事柄を書きます。基本的には、生徒が記入する事柄は次の三つに分類されます。

❶一人ないし複数の人がかかわる問題。
❷クラス全体にかかわる問題。
❸クラス全体で取り組む活動の提案。(13)

意図的なグループ構成で活動

日々の活動において生徒は、ほとんどグループで活動をしています。しかし、こうしたグループは変化を続けます。時には、人間関係や共通の興味に基づいて、生徒自身の裁量でグループをつくらせることもあります。また、教師が一定のスキルを身につけさせ、学びへと導くために生徒を意図的にグループ分けすることもあるでしょう。こうした異質な人で構成されたグループでは、より熟練したスキルをもつ生徒が直接・間接的にほかの人をガイドしながら、自らの理解を深めていくことになります。場合によっては、教師が特定のスキルや概念を教えるために、一時的に同質性の高いグループをつくることもあります。

グループは、課題によってそのサイズが変化します。一緒に読んだり、一緒に意味を考えたり、新たな概念について議論したり、難しい言葉をお互いに教えあうときにはペアとし、ポスターをつくったり、作品をつくったりするときには四〜六人のグループ、そしてみんなで一緒に読む本を決めるときや教師主導の話し合いは大人数のグループとします。

「相棒」との異年齢交流――ジル・ジョーンズ先生とマリー・マクレイ先生の実践

ジル・ジョーンズ先生とマリー・マクレイ先生は、学年を超えて生徒たちが交流できるようにしています。最初は、読み聞かせの「相棒（buddy）」を決めることだけでしたが、そのプログ

(13)　ここで紹介されているクラス・ミーティングのやり方に関して参考になるのが、『生徒指導をハックする』（前掲、新評論）の第2章です。

ラムは、今や一年を通して、少なくとも月に一回は二つのクラスを合わせて、さまざまな人数のグループ活動や特別なイベントを行うまでになりました。マリー・マクレイ先生は一年生、ジル・ジョーンズ先生は五年生を担当しています。

私の「相棒」はライアンです。私が彼に「ハイ！」と言うと、彼は微笑みを返してくれます。彼は、私に物語を読んでくれます。私は彼がどこに住んでいるのかについても知っています。休み時間には、彼がサッカーをやっている姿をそっと見ています。

『*Arthur's Halloween*（アーサーのハロウィーン）』を読んでもらいました。お話のなかで、あるおばあさんの家に行ったとき、友だちがここは魔女の家ではないかと考えてしまったところが好きです。（マリア）

マリアは、五年生の「相棒」であるライアンがどれほど好きかたくさん語ってくれました。このかわいらしい探偵のエピソードは、「相棒」プログラムのよさと温かな関係、そして分かちあいが異年齢の友だち同士で育まれていることを物語ります。学校での表彰会のとき、マリアとライアンは「最高の相棒賞」を授与され、さらに「相棒」プログラムの注目の的となりました。

昨年は、広いホールにマットを敷き、五年生三人が一年生二人と一緒に座ってお話を読んであげるというスタイル(14)にしました。私たちは、活動が中断するのをできるだけ少なくしたかったのです。このやり方によって、あるグループが読み終わってしまったとしても、次のお話をしながら、ほかグループが終わるのを待つことができます。

異年齢の生徒同士で「相棒」を設定するのは、両方のグループにとって、理想的な学習の進展をもたらす方法だと確信しています。「相棒」プログラムは、どちらの年齢層の子どもにも成長を促すことになります。年長の生徒は読むことに対して新たな目的を設定することができますし、読み聞かせのあとには、すべての生徒が「よかった」あるいは「よくなかった」ところを振り返って話し合うことができます。さらに、教師が介入しない状態で本を読み、語り合うことで、生徒たちは自己有用感をもつことになります。

今年、私たちは、もっと思い切ったやり方を進めることにしました。計画を変更し、すべての年長生徒が、自分の「相棒」だけに読み聞かせをするようにしたのです。新学期の九月、両方のクラスの生徒全員に図書館で本を選んでもらい、それらの本を「相棒」図書館に並べました。毎日、「相棒」のペアはこのコレクションから本を選びます。そして、家庭で行うように図書館の

(14)　おそらく「いっしょ読み」の形です。本を聞き手にも見えるように開いて読んであげる形式です。読み聞かせの多様な方法が紹介されている『読み聞かせは魔法！』（前掲、明治図書）を参照してください。

ソファーに座って本を読んであげます。終わったら、五年生が一年生を教室に連れていってあげます。五分から一〇分で「相棒」とはさよならとなります。ちなみに、本を交換するときは一緒に新しい本を選んでいます。

生徒だけで活動が自立していますので、私たち教師は最小限の見守りをするだけです。読む活動をすればするほど、「相棒」と一緒に行動をしたくなります。「相棒」同士で芽生えた信頼によって、リスクを払ってでも挑戦する気持ちになり、フィードバックと賞賛の場面が多くなります。年下の生徒は、単に読んでもらえるだけでなく「一対一」で扱われることを喜んでいます。五年生が一年生の教室まで来て、「相棒」が欠席だったら、ほかの一年生が「代わりにやってほしい」とお願いをしてきます。

面白くて有意義な動画がたくさん撮れました。それぞれのペアやグループがどのようなやり取りをしているかの様子を、空き時間に見ることができます。これらを見て、生徒の間でいろいろな会話がなされていることに私たちは気づきました。

リラックスできる空間で、一対一で「いっしょ読み」を行うことは、私たちの二つあるプログラムのうちの一つです。もう一つのプログラムは、少なくとも月に一回、何組かの「相棒」ペアで共通のテーマに取り組むことです。

ほかにも、個別のカンファランス、小グループの設定、全体での話し合い、そして教室内に学習センターをいくつか設置するといった活動[15]も行っています。さらに、私たちは特別なイベントや遠足を開催して、「相棒」同士がリラックスした雰囲気のなかで一緒に過ごせるようにもしています。

そして秋には、一緒にロイヤル・ウィンター・フェアに出掛けています。ケベック・ウィンター・カーニバル[16]や夏のお楽しみ会も、「相棒」とともに行かせています。私たちは、このことがイベントの競争的な要素を減じ、より協働的な遊びを増やし、小さな子どもには安心感を与えることに気づきました。

また私たちは、冬休み前の忙しい週の大半で「相棒」活動を計画しました。すると、例年のこの時期に比べて落ち着いており、かかわりあいが多くなっていました。面白いことに、ほかの活動に取り組んでいるときでも「相棒」同士の協働的なサポートが見られたのです。

(15) 学習センターとは、特定の学習目標を教師が設定し、教材や課題、資料が多数配置されている場所です。複数のセンターが教室内に設定されており、生徒は自分で学習するセンターを選び、時には一人で、時には協力しながら学習を進めます。『ようこそ、一人ひとりをいかす教室へ』（前掲、北大路書房）の一四四ページ以降を参照してください。

(16) 前者は、オンタリオ州トロントで行われている収穫祭で、後者は、毎年一月から二月にかけてケベックで行われている雪祭りです。世界最大規模の「冬の祭」と言われています。

さまざまな形態のペア・グループ活動――ジョン・マイヤーズ先生の実践

話し合いを通して目的のある学びを促進するために、次のような課題をペアや小グループでの活動で設定(原注)するといいでしょう。協働に焦点を当てた課題も、協力のやり取りが設定された課題もあります。

まずは、探究的な課題設定から行いましょう。そして、あなたや生徒の挑戦的な問いに対する考えや反応を出しあいましょう。それには、「個別－ペア－クラス」活動のパターンとそのバリエーションがあります。最初に、「個別－ペア－クラス」の基本となる流れを紹介します。

❶教師が問いを提示する。
❷生徒は、個別に五～一〇秒くらい問いについて考える。
❸ペアを組み、答えを共有し、比較する。できれば一つの答えにする。
❹クラス全体の場面でペアの反応を共有する。

この枠組みは比較的シンプルであり、不安になることも少ないです。二人の話し合いなので、活動から逃れることができません。さらに、このやり方は柔軟でもあります。無数となる個別の考え、ペアの組み方、共有の仕方といった組み合わせがありえるからです。よくある三つのバリエーションを紹介しましょう。

個別に書く－ペアで共有――ペアを組んで話し合う前に、それぞれの生徒は自分の反応を書きだします。

時間を区切り、ペアで共有――時間を区切って自分の反応について発表します。パートナーは聞き役となります。その後、役割を交代します。

個別－ペア－四人組――クラス全体での話し合いの前に、ペア同士の四人組で共有します。

次に、ほかのバリエーションや用法を示します。

内回り・外回りの輪で話す――生徒が二重の輪（内回りと外回り）になって、互いの考えを共有しあうことで新しい理解を得ることができます。内回りと外回りの生徒は、ペアになってそれ

（原注）「『協働』は個人が各々の行動（学ぶことや、仲間の能力や貢献に対する敬意なども含めて）に責任をもつという考え方です。『協力』は、グループが一緒に活動するメンバーとともに特定の成果やゴールを目指すときの接し方を指します」テッド・パニッツ（Ted Panitz）。［訳者補記］テッド・パニッツ氏は、協同学習を中心に多彩なワークショップを提供しているワークショップの講師です。https://tpanitz.jimdofree.com/

ぞれの考えを示します。外回りグループが、三回くらい異なる考えに触れる機会を提供します。この枠組みも、クラス全体で共有する前に各自の考えを交流する練習となります。生徒は複数のクラスメイトと活動できますし、待ち時間もありませんので、みんながこの内回り・外回りの経験に夢中になります。

視点を指定して、個別－ペア－クラス――最初の投げかけで、生徒にある状況下での自分を想像させます。たとえば、「洪水について物語を読んできましたね。では、洪水の通り道にあった農場を想像してみてください。どのように感じますか?」などです。

理解のためのチェックを含むペア課題――生徒たちをペアにしたあと、映像作品やプレゼンテーションのキーポイントについて振り返らせた生徒は、クラス全体で行うときよりも少人数グループや信頼できるパートナーとのほうが、あやふやなことでも説明しようとするものです。クラス全体に「誰か質問やコメントはありませんか?」と尋ねるといったアプローチはうまくいかないでしょう。

個別－ペアで言い換え――パートナーの一人が、教師の大切なポイントについての投げかけに反応します。もう一人のパートナーが反応を言い換えます。「君は、こう言いたいのかな……?つまり……」のようにです。

問題解決ないし意思決定をさせる課題――小グループのメンバーがそれぞれの体験や教師がつく

った課題に基づいて、異なる見方を組み合わせるというやり方です。メンバー間で合意形成を得るためにすべてを話さなければならないので、その過程で深い理解を得ることができます。

個別－ペアで合意形成――「この詩のメッセージは何かな？」などと、ペアで共通する意見を出します。

多様な力が求められる課題――生徒たちは、それぞれの力と経験をもち寄って課題に挑みます。その際、役割分担することが助けとなるでしょう。たとえば、第一次世界大戦の宣伝ポスターをつくるとしましょう。ある生徒がキャプション（短い説明文）を書いている間に、ほかの生徒は絵を描くことができるでしょう。一人ひとりの強みをいかすことが大切ですが、教師の究極の目標は、限定した領域だけでなく、学びの多くの領域で生徒が強みをもてるように手助けすることにあります。

個別－ペアで分担－クラスで発表――ペアの一人が絵を描き、パートナーはその絵を説明する文を書きます。最後、クラス全体に対して紹介するところは、自分たちの見方を絵と文章で表したものをペアで提示して発表します。事後のクラスにおける話し合いでは、もし似ていた文章があったら、それに対する反応についての類似点や相違点を評価します。

既習事項を説明する課題――それぞれの生徒がどれだけ理解しているかを明らかにしたいとき、テストの前に小グループで題材について説明させることがあります。初めに教師がガイドする指導[17]やクラス一斉指導を行っているのであれば、違う言い方で説明をさせてみてください。一度聞いて内容を理解できるような生徒には同じ説明をさせても意味がありませんし、教師主導の指導で苦戦している生徒も、同じように説明させたところでまったく学ぶことができませんから。しかし、初めにグループ学習をしている場合はこのアドバイスは反対になり、友だちが言ったことをそのまま説明させるようにしましょう。何を説明するかによって、「個別－ペア－クラス」のバージョンは多様になります。前述したものも、これ以降のバリエーションも考えられます。

個別－ペアでインタビュー——読み取った内容についてペアで質問しあいます。このインタビューを、ロールプレイのようにするのです。たとえば、「食事と運動のどのような組み合わせが健康を促進するのかについて、視聴者に説明してください」といった問いかけをします。

個別－ペアでラリー——それぞれが考えたあとに、ペアになって順番に書いたり、課題を発表したりします。テニスのラリーのように、何度かやり取りをするのです。たとえば、「一八一二年の戦争で誰が勝ったのか[18]」ということについて、用紙に議論の裏づけとなる考えを書くといったことです。

直接指導・個別練習の代わりとなる探究的な話し合い——いくつかの協働的なアプローチは、教師がガイドする指導段階であったとしても、同時並行で生徒同士の協働学習が成り立っています。私の経験則と研究によって明らかになったことは、十分な効果もないのに座学や個別練習の設定をしてしまいがちであるということです。私たち教師は、つい間違った行為に目がいきがちです。だから生徒は、勉強ができないことをほかの人に知られること、またはできないというレッテルが貼られることを恐れて、それを隠してしまいます。そうなると、その生徒を助けることがさらに難しくなってしまいます。

学びの振り返りを促進するための探究的な話し合い――この活動は、普通の人が映画や劇を観たあと、またはコンサートやその他のイベントのあとに行う会話と同じです。情報を統合するのに役立ちます。

ここまでをまとめると、教師は医者やカウンセラー、精神科医のように、「患者に尋ねるべきだ」ということです。生徒の声を尊重することで、生徒が何を知っていて、何ができるかをより把握することができるでしょう。言葉を換えれば、質的なアセスメント（評価）をしているということです。

---

(17)　五七ページの注（12）を参照してください。
(18)　一八一二年六月から一八一五年二月までにイギリスとその植民地であるカナダ、そしてイギリスと同盟を結んだ先住民部族とアメリカとの間で行われた戦争のことです。「米英戦争」と呼ばれています。

リアルな課題が引きだす生徒の「声」――リンダ・マーシャル先生の実践

私（リンダ・マーシャル先生）のクラスでは、「自由を見つける」ことを題材としています。クラスで扱うグラフィック・ノベルとして、ブライアン・K・ヴォーガンの『*The Pride of Baghdad*（バグダッドの誇り）』〔参考文献60・未邦訳〕を扱っています。二〇〇三年のバグダッドを舞台とした、実際に起こった出来事を題材とした短い物語です。

アメリカがイラクを空爆した際、バグダッド動物園も破壊してしまったため、何百もの動物が死に、生き残ったものは街に放たれてしまいました。物語は、冒頭から自由を切望しているライオンのプライドという視点から語られます。空爆ののちに彼らは逃げだし、バグダッドの街をさまよいます。そこで目にしたものは、多くの疑問を投げかけるものであり、自由の本当の意味を問うものでした。

この物語を紹介するにあたり、私はインターネットでさまざまな新しい情報を探しましたが、アメリカの空爆を擁護している情報を見つけるのと同じくらい簡単なことでした。空爆を受けた動物園にしばしとどまり、動物を狩りだす任務にあたっていたアメリカ兵の談話も見つけることができました。

私たちは、ある兵士の疑わしい行動に関する軍法会議を発見しました。それは、少年たちの興味をぐっと惹きつけたのです。ですから、生徒がよく知らないバグダッドの位置と自然についての地理の授業が必要だと感じました。また、メディアが発するメッセージについても、多くの生徒に誤解が見られました。私たちは学習過程において、思いがけず、多くのステレオタイプ的なものの見方を打ち壊したわけです。

学習の舞台が整い、私は物語を配付しました。ニコ・ヘンリコン（Niko Henrichon）による絵が魅力的で、生徒たちはすでに興味をもっていますから、彼らはすぐに読みはじめました。彼らは異なるスピード、異なるレベルで読み解きました。ある生徒は、ほかの人がまだ一回目の途中だというのに、二、三回読んでしまいました。

それぞれの読書活動が交流をはじめました。ある生徒が何か「かっこいい」ことを発見したり読んだりしたときは、誰か同じところを読んでいる人はいないかと探し、そのことについて話し、共有しました。

私は、次のようなことを彼らに望んでいました。読むのを楽しむこと、グラフィック・ノベルを心地よく味わうこと、グラフィック・ノベルとマンガの違いを理解すること、自分の知らない世界へ目を向けること、自分と絵を結びつけること、思考をより深めること、そしてほかの人がもがいている様子を理解することなどです。

相互のやり取りや反応、そして読解が順調に進み、生徒たちは本のなかのさまざまな部分や状況、そして際どいユーモアについて若さあふれる話をしました。ライオンが「理解したこと」から彼らは大きな意味を引きだし、雄弁に語ったのです。

すべてが終わったあとで私は、そっと腰かけ、彼らに「自由とは何か?」と問いかけました。沈黙が心地よかったです。しびれるような感じがしました。まるで、生徒の頭の中が猛スピードで回転している様子が聞こえるかのようでした。素晴らしい、思索にあふれる時間でした!

生徒たちは、この質問が簡単に答えられないものだと分かっていて、グラフィック・ノベルと自分の経験を比較していきました。私たちはパソコン室に移動し、さらに調べることにしました。アフガニスタンの女性の権利や児童労働、また多くの国々の少年兵のことなどを調べました。

生徒たちはグループをつくり、新たな学びを自由に共有しあっていました。これは予定になかった活動でしたが、学習が十分にパワフルだと生徒は考えを広げ、ステレオタイプを吹き飛ばし、さらに何かを問いたくなっていくのです[19]。

【コミュニティーについての振り返り】

・生徒は、さまざまな言語、文化、そして社会的背景をもって多くの教室に来ています。どのようにしたら、学校はそれぞれの家族の生活様式を尊重し、かつ学校やクラスのコミュニティーを育むことができるでしょうか？

・あなたのクラスでは、生徒による貢献が期待され、歓迎されているでしょうか？　生徒がペアや小グループ、クラス全体で話すことを必要とするだけの状況がありますか？　そして、生徒自身がリアルで重要だと思える活動を通して、聞くことや話すことが自然に促されるようになっていますか？

・生徒との対話ジャーナル[20]を紙上あるいはオンラインで記録し、あなたの視点や反応を共有および提示していますか？

・生徒の興味に沿った内容で授業を組み立てていますか？　単に知識やスキルを身につけるだけでなく、テーマやジャンルによって構成されていますか？

・グループ活動の間、何を読んだり書いたりするのか、どのように他者と交流するのかということを決定する責任を一人ひとりの生徒が感じていますか？

---

(19)　翻訳協力者のコメントを紹介します。「この沈黙をどのように捉えるかが教師としての力量の差かなと思います。彼女の場合、生徒を理解しており、信頼しているから待てるんですよね。これまでの積み重ねもあるのでしょう。きっと、力のない教師は矢継ぎ早に補助発問をすることでしょう」

(20)　対話ジャーナルは、教師と生徒、生徒同士が書くことを通してやり取りを続けるための媒体です。

・あなたは自分自身の時間を、個別のカンファランスやインタビュー、特定のスキルについての小グループを対象にしたミニ・レッスン、クラス全体への情報提供や共有の場面で構成するといったやり方で使っていますか？[21]

・生徒がお互いに助けあうことでより良い読み手・書き手になろうとしていて、教師であるあなたは、個別あるいはグループへの指導やカンファランスにより多くの時間が割けるようになっていますか？

・どのようにすれば、クラスにあなた（教師）と生徒の助けとなる人（つまりボランティア）を入れることができるでしょうか？　親や先生役の生徒、高校生、年上の「相棒」、あるいはゲストなどが、あなたのクラスにどのようにすれば参加できるかについて考えてみましょう。

・あなたの授業において、公式あるいは寛いだ場面で反応を示すといった、多様な聞き手を設ける機会を考えてみましょう。友だち、年上ないし年下の「相棒」、コミュニティーのメンバーなどです。

・あなたの学校において、特別な配慮を必要とする生徒のために教師が提供できる人的資源は何でしょうか？　クラスのさまざまな能力や経験を有する、生徒の助けとなるベストの方法を用いて、あなたの授業を組み立てるためには何をすればいいでしょうか？

・ニューヨーク州の調査によると、「才能のある生徒のために設けられた特別なクラス」に入ると、「学習に課題あり」と見なされた生徒でも驚くほど向上したということが明らかになっています（〈ニューヨークタイムズ〉一九九二年一〇月一七日付）。大切な学習に熱中して取り組めるような学校環境をつくりだすためには、「学習に課題あり」と見なされている生徒に対して、あなた自身の態度やアプローチにどのような変化を加える必要があるでしょうか？

・いくつかの学校では、保護者を研究者として採用し、質問票の作成、インタビューの実施、結果と対応についての分析などを行ってもらっています。その結果、保護者は、学校のコミュニティーおよび実施されている授業や学校行事について知るようになります。あなたの学校や地域において、保護者をこうした重要な役割として採用するプロジェクトをつくることはできますか？

(21)　これらの授業時間の構成については、『「学びの責任」は誰にあるのか』（前掲、新評論）を参照してください。四つの形態、①焦点を絞った指導（教師による説明やデモンストレーション）、②教師がガイドする指導（スキルや興味関心に応じて個別・あるいはグループに対して行うサポート）、③協働学習（グループで課題に取り組む学習）、④個別学習（生徒一人で取り組む課題学習）で構成する授業の方法です。上記のチェック項目も、そうした多様なあり方で授業を構成しているかということを問うています。

第4章

自分の思いを「声」にして

――あなたの生徒は自分自身を語ることができますか？

教育実習生へのモデル授業として、私は六年生のクラスで授業をしていました。生徒には、物語を語れる人になってほしいと考えました。私は、北欧のおとぎ話にある人魚のお話『セルキーの嫁（人魚姫）』［参考文献25］からはじめました。

その後、教育実習生たちが六年生の小グループに入り、自分が創作した異なるバージョンを語りました。彼らの語りが終わったあと、六年生のグループが集まり、教育実習生から聞いた人魚姫のお話を再現して話し、この半人・半魚の運命に関する意見を述べました。

最初のグループは、聞いた物語を再話するところからスタートしました。

生徒1　一人の人魚が姉妹たちと一緒に岩の上に座っていました。日が長くなるにつれて、姉妹たちは海に潜っていきました。

生徒2　人魚は姉妹たちを見失い、はぐれてしまいました。最初はとても怖がりました。

生徒3　彼女は、今まで人間を見たことがありませんでした。

生徒4　ボートに乗ったある男が彼女の鱗を取ってしまいました。それで、今、彼女は海に戻れなくなっていたのです。彼は、彼女をつれて陸地に戻りました。

生徒5　彼らは日没を見つめていました。静かでした。彼女は恋に落ちました。

生徒6　彼は、彼女と暮らすことにしました。

生徒2　もはや、彼女は陸地で生活しなければなりません。二人の子どもをもうけました。

生徒1　しかし、彼女の姉が陸地にやって来て、鱗をつくってあげようとしました。それで、彼女は海に戻れるようになったのです。

デイヴィッド　陸地に来た姉は、彼女を取り戻そうとしたのかな?

生徒1　そう。だから鱗をつくってあげたんだよ。でも、陸地まで来た姉は死んでしまいました。

生徒4　だからセルキーは、このままいるか、海に戻るかを決めなくてはならなかったのです。

デイヴィッド　(クラスの生徒みんなを村人の役であることにして)私たちのコミュニティーはある決定をしなくてはいけません。彼女を海に戻しますか?　そうしたら、彼女は二度と陸地には戻ってこれない、というのが条件ですが……。

生徒3　フェアじゃないよ。年に一度は海の中の岩場で子どもたちに会うべきだと思います。

生徒2　子どもたちは、母親に捨てられたと感じるでしょうね。自分の親は一人しかいないと。

生徒1　岩場で母親に会うのだってよくないよ！

生徒4　母親というのは、望めばどこでも子どもに会える権利があるべきだと思います。

生徒たち　そうだ！　そうだ！

なりきることは深めること

このようなやり取りから分かるように、物語への反応を話し合うことによって生徒の感情は高まりました。生徒たちの語りは一つの形になりつつあると同時に、おとぎ話から派生した複雑な問題に意味を見いだそうと奮闘しています。

物語に夢中になればなるほど、作者の世界観と自分たちの世界観を比べることができますし、さらには、感情や考えをもう一度見つめ、過去の経験から言葉を導きだし、ほかの人の生き方に入り込み、そして自分のアイデンティティーを見つめ直すこともできるのです。

教師の物語を聞くことで、初めて生徒は安心して自分の物語を語ります。同様に、好奇心・恐れ・関心などもほかの人・場所・ストーリーとつながっていきます。物語とは、フィクションであれノンフィクションであれ、詩の形式であれ映像であれ、流れ続けるプロセスそのものです。私たちはほかの人の物語を下敷きにして、自分たちの物語がどうであるのかと理解します。そして、それを思い出し、付け足し、変更・更新して、あるいはまったく新しいものを語ったりして、いつでも新たな可能性を探究しています。

物語は人生のあらゆる状況を想起させ、世界の過去・現在・未来に生きるすべての他者の立場に身を置かせ、危険を冒し、苦しみ、悲しみ、笑い、不思議を感じさせ、挑戦し、満足を感じさせます。そして何よりも、物語のなかにある「知恵」に引きあわせてくれます。

物語を教える教師として生徒を触発し、以下のことを可能にする方法が見つけられるでしょう。

・みんなで輪になって物語を共有し、自分自身の語りを深めること。これまでの人生について語っていくプロセスで、自分の語りに気づきがあり、変容があること。
・語りのプロセスで自身が鍛えられ、資質や信望、自己肯定感が身につくこと。

○○になりきって読んでみる

生徒がよく知っている読み物で考え聞かせ[1]をすると、教師は自分の解釈の仕方をモデルとして示すことができます。生徒たちは、さまざまな種類の文章でどのように意味を捉えるのか、教師が読み手として今もどのように成長しているのかを目の当たりにすることになります。さまざまな文章を、時には違ったやり方で、時には役になりきって読み聞かせをします。五年生のチャールズが私に次のように言いました。

「教育実習生の先生が読み聞かせをするときですが、その声は登場人物にぴったりあったように聞こえます。あるときはおじいさん、あるときは子ども、なんでもです」

こうした解釈が、聞き手が意味を捉えることを助けます。そして、夢中にさせるのです。

生徒と共有したい文章を常に探してください。私は、新聞に掲載されたコラムの切り抜き、インターネット上の面白い情報のダウンロード、自分が楽しんだ小説からの抜粋、新しい映画評、あるいは家具の組み立て表を持ってくることもあります。

また、プロジェクターで表示するために、選んだものをスキャンしたり、ホワイトボードにテープで貼りつけたり、生徒がマーカーを引けるように印刷したりもします。これらの文章の意味を私がどのようにして理解していくのか、ということを多面的に見せるためです。

同時に生徒は、普段は気にも留めないような私の選んできた文章に触れることができます。そして、読み書きや情報処理というものが生活においては日常的な出来事だと理解していきます。

（1）七ページの注（6）および一九ページと、一一八ページの**表**を参照してください。

多様な文章を生徒と共有する場合は、ぜひ以下のような方法を試してください。

・**セールスマン（本の売り込み役）のつもりで読んでみましょう。**図書室から新しい本を何冊か選んできて、抜粋したものを共有します。そうすれば、生徒は読みたくなるでしょう。

・**旅行者のつもりで読んでみましょう。**他の文化、他の地域、他の時代についての物語や情報を共有します。イギリスやオーストラリア、スリランカ（本書はカナダの教師向けです）、あるいはその他の言語から翻訳して、言葉や文章に触れあってみましょう。

・**専門家のつもりで読んでみましょう。**あまり親しみがなく、生徒にはやや難しいレベルの文章を選びましょう。聞かせている間、メモをとらせてもいいかもしれません。

・**研究者のつもり読んでみましょう。**他教科の内容を抜粋したり、エピソードを出したり、考えを述べたりして、新聞や何かの記事、その他の情報源を振り返る際に活用します。

・**詩人のつもりで読んでみましょう。**過去や現在の詩やバラードを朗唱するのです。そして、生徒に復唱してもらいましょう。

・**語り部のつもりで読んでみましょう。**あなたがよく知っているお話や、暗記しているお話を語り聞かせるのです。印刷物から解放されれば、動きやジェスチャーを示せますし、文章が活き活きとするように声色を変えることもできます。

・**役者のつもりで読んでみましょう。**リーダーズ・シアター(2)の台本から役柄を選び、生徒と一緒に読んでいるときは登場人物にあった声を探すように努めて、情熱的に、力のこもった声で演じます。

・**編集者のつもりで読んでみましょう。**修正済み、もしくは完成原稿を選び、練習し、聴衆の前で共有し、慎重に読みあげて、その言葉に重みをつけましょう。

・**文章を愛する人として読んでみましょう。**あなたの生活のなかで、生徒に読んであげたい文章を選びましょう。新聞のコラム、あなたの専門分野の短い文章、遠くに住む友人からの手紙、子どものころに好きだった本の抜粋、昨夜子どもに読んであげた絵本などです。

・**一人の読み手として読んでみましょう。**週に一度、五分間だけ、読み手がどのように文章を理解していくのかを示します。こうした時間は、あなたが読み書きの学び手として、またはコミュニティーの仲間として生徒の目には映ることでしょう。

このような実践を導入すれば、一年間に三五回くらいは読み書きの実演ができます。それぞれの実演について、異なる文章を選ぶことからはじめましょう。そうすれば、生徒が必要としている文章の種類に気づかせることができます。

---

(2)　リーダーズ・シアターとは、衣装、小道具、風景、特別な照明などのない、いわゆる「朗読劇」です。

表　考え聞かせでの自分への問いかけリスト

・文章を読むにあたってどんな準備をしたか？
・どうしてこの文章を読むのか？
・この文章を読んで、何と関連づけて考えたか？
・要点を見つけてマーカーを引いたか？
・もっとも大事なアイディアは何だったか？
・どの言葉や言い回しが難しかったか？　それをどのように処理したか？
・どこで推測する必要があったか？
・再読する必要があったところはどこか？
・(ネット上の) 辞書を調べる必要があったところはどこか？
・文章の形に応じてどのように読んだか？　たとえば、広告を見て価格を比較したりしたか？
・文章を深く読んでも残っている疑問は何か？
・読後にどのような反応をしたか？

さまざまな文章で示していくと、生徒は目にした文章においてもそれらを用い、意味が理解できるようになるでしょう。年間を通して用い、文章を理解するための方法としての「考え聞かせ」を身につけた読み手へと成長させましょう。

(注)「『116～117ページの○○になりきって読む』は、大いにやる価値ありだと思いました。そして、こうした問いのリストもありがたいです。ただ、質問、比較、推測、関連づけなど、これ以前にスキルについて学習しておく必要がありそうです。そうでなければ生徒が戸惑います。教師のコントロールも強くなるので、事前のスキル学習が必要です。いわゆるミニ・レッスンです」という翻訳協力者のコメントがありました。そのような場合、『増補版「読む力」はこうしてつける』(前掲、新評論) が参考になります。

次に、あなたは読み聞かせをし、スマートボードで示すか、コピーを配るか、黒板へ貼りつけるかして共有します。そして、考え聞かせを行えば、ある文章を理解しようとするときの読み手がどのように考えているのかについて生徒は観察することができるでしょう。

あなたがどのように理解しているのか、声に出して共有するときに使える言葉のリストを表（右ページ）にして示しましたので参考にしてください。

ストーリーテリングの可能性――ボブ・バートン

ストーリーテリングには、慣れ親しんだお話を再話することと新しい物語を創作することという二つの面が含まれています。物語に命を吹き込むため、演じ手には語りだけでなく、さまざまな役割を演じることが求められます(3)。物語を再話するとき、生徒自身のなかにある言葉、考え、物語、歌、概念をより豊かにし、幅を広げ、文学の理解と鑑賞を深めることでしょう。ストーリ

(3)　日本の学校教育のなかでは、ストーリーテリングに類する活動はあまり見られません。日本の文化のなかでは「落語」がそれに近いように思えます。よく知っている話（古典落語）を自分なりに解釈して演じる、一方で新作落語を創作して演じる、ということがイメージとして近いと考えます。学校でも、落語のように笑える話や人情話、怪談などを扱うと盛りあがるのではないでしょうか。

ーテリングは、語りから対話へ、対話から語りへと転換する能力を育てることになります。ストーリーテリング活動には次のような形式があります。［参考文献17］

・生徒が輪になって読みます。パートナーがポーズをとったり、声をあわせて読んだり、マイムで説明したりします。物語を即興で演じたり、改変したり、物語のなかで新たな話を考えたりします。

・ストーリーテリングはドラマ活動の出発点となります。よく知っている物語においても、語られていなかったアイディアを表現することができます。特定の場面に焦点を当てたり、物語中の出来事を評価したりします。役になりきって、振り返りをすることもあります。

・文章なし、あるいはわずかな文だけの絵本、デヴィッド・ウィーズナー『かようびのよる』（当麻ゆか訳、徳間書店、二〇〇〇年）［参考文献65］のような本を用います。生徒は目にしたものを自分なりの言葉で表現するほか、時には登場人物の感情を適切に話してくれることもあるでしょう。

・異なるキャラクターを演じて、生徒は楽しむことでしょう。それぞれの登場人物（魔法使い、鳥、行方不明になった二人の生徒など）を想定し、話しているうちにどんどんドラマティックになっていくことでしょう。

・語り手が物語を進めるにつれ、教師であるあなたは誰かに話をつなぐように指示することや、物語のなかに潜んでいる決定的な瞬間を引き継いで読ませるように指示することもできます。

・次のようなバリエーションもあります。みんなの顔が見えるように、円になって床に座らせます。次に、物語の中身や形式について伝えます。物語は生徒一人ひとりがつくり、順番になったら一言だけ（あるいは二言、三言、それ以上）話すようにします。適時に新たな文章を読みはじめ、生徒自身が望む物語になるように付け加えていくのです。話している人はトーキング・スティック（それを持っている人だけが話せることを示す）を持ち、話すのをやめたとき（話の途中になることもありますが）、次の生徒にパスします。この活動が簡単に進みすぎるような場合は、教師が話を止めて、ランダムに話させるようにします。生徒によってはスリルが増すことでしょう。

・教師が即興の物語を話します。頻繁に話を止めてグループの誰かを指名し、適切な言葉をつなげるようにさせます。

・教師が、壮大な冒険に出かけるところだ、ということを生徒にイメージさせます。生徒一人ひとりが、これからどこに、自分たちは誰で、どうして冒険するのかを決めていきます。おそらく彼らは、真夜中に城の外とか、あるいは魔法の森の入り口、または塔のような建物の前などにいることでしょう。

彼らは、何か重要な目的を果たすためにそこに入っていきます。彼らはヒーローやスパイになることにしますが、いずれにせよ、そのキャラクターがどのような人かということを意識させましょう。彼らの旅は危険と困難を伴うものとして設定され、それぞれの冒険に乗りだしていきます。そして、冒険がクライマックスを迎えたら、そこでやめるようにします。

生徒はパートナーを選び、自分の冒険についてお互いに話して聞かせます。話すうちに物語はよりワクワクしたものになり、冒険の困難さがさらに膨らむことでしょう。それに伴い、話し手の勇気や機知も大きくなります。ペアをつなげてグループをつくり、それがさらに大きなグループとなっていき、やがて大勢の前で話すようにします。

・教師が話し手を二人選び、一つの物語を交互に読んでもらいます。残りの生徒が輪になって座ったら、話し手の一方が物語の一部分を話してからやめ、もう一方がその話を続けます。交代しながら数分間続けます。

ほかの生徒は物語の登場人物などになり、サイレント（無言）で演技します。彼らの参加が物語の形に影響を与えることでしょう。語り手が物語のナレーションを担当し、もう一方の演じ手がセリフ作成を担当するという形でも行うことができます。

・生徒が寄り集まってさまざまな話を関連づけられるような、物語の発端となるテーマを教師が提示します。生徒が話を続けられるようにするために、たとえば次のような場面にいると想定してもらいます。

①ロビンフッドとその仲間たちが、もっとも有名な逃避行のことを思い出して話をしはじめたら……。

②世界一と言われるスパイたちと諜報機関のエージェントが集会を開き、最大の業績を話しているとしたら……。

③部族のメンバーが先祖の偉業を語り、その部族の伝説を語るとしたら……。

教師が状況を説明したら参加者は役になりきって話し合い、物語の場面がはじまります。

生徒のコメント・質問を取り上げる

私は「生き続ける」というテーマで五年生に『クレージー・マギーの伝説』［参考文献53］を読み聞かせしました。この本はジェフリー・ライオネルが書いたもので、「マニアック」マギーという少年の物語です。マギーは運動能力が高いことで有名な白人の少年で、町の東西の地区（黒人地区と白人地区）をまとめようとしています。

この本の一部分を取り上げて、物語や作者に対する自分の考えを記録するために私は、生徒に聞き取りを行ったほか、メモをとらせたり、ジャーナルに反応を書き込ませたりしました。

この小説のどこが気に入りましたか？

・コブラの結び目を解くところ ・アマンダのタフさ ・マーズ・バーが家に招待したところ ・アマンダの本の贈り物 ・バタースコッチクリムペット ・著者の「まえがき」 ・フットボールで蛙を投げたこと	・「マニアック、マニアック……」という歌 ・リテラシーの話、マニアックがグレイソンに教えていたもの ・グレイソンの優しさ ・「事実と真実は混同してはいけない」という言葉

小説で難しかった、悩んだところは？

・ピザへのアレルギー ・分離があるという事実 ・アマンダとマーズ・バーとのケンカ ・泥棒したところ。パイパーとラッセル ・戦争ごっこ。「白人ということにしてやるよ」 ・「半分黒人みたいで嫌な気分だ」	・アマンダの議論（図書館カード） ・グレイソンの死、涙は出なかった ・葬儀屋は現れても構わなかったのでは ・蛙を投げる出来事、信じられるか？ ・黒人、白人の問題。解決済みかどうかはっきりしない

物語のなかでどのようなパターンを発見しましたか？

- マニアックは家にいて、……それから街に出て、……家にいて、……また街に出て、……安心できる家にいる。
- 白人側、黒人側、対照的な設定。
- 何が起ころうと、マニアックはあきらめない。
- マニアックは、訪れたどんな家族も何かしらの問題を抱えていると感じている。
- ヒーローはアメリカン・フットボールをつかみ、紐がほどけても競争に勝つ。
- 最後に、人々はいつもマニアックを気遣う。
- 白人、黒人両方からヒーローが現れる。
- マニアックは人種主義者にはならないし、いばらないし、悩みもしない。

不思議に思った疑問、謎は何ですか？

- 白人と黒人、本当に一緒にやっていけたのだろうか？
- 白人と黒人について、このような本を書きたいと思ったのはなぜだろう？
- 時々、物語のなかで黒人側、白人側に場面が変わるのでよく分からなくなった。
- マニアックは、どのようにして黒人と仲よくなったのだろうか？　一時的なものなのか？
- どうして、彼は街にとどまっているのだろうか？
- マーズ・バーは、どうして彼を招いて、一緒に暮らそうとしたのだろうか？　マニアックは、どうしてそれを受け入れたのだろうか？
- マニアックは強制されたのに、どうしてアマンダと行かなかったのか？
- ゲームをする際に、「白人」であることがどうしてそんなに特別なのか？
- あんなによくしてくれたのに、どうしてマニアックはビールの家を出てしまったのだろうか？
- マーズ・バーは、どうして「突然」いい友だちになったんだろうか？
- マニアックは、街にいるときと家にいるときのどちらが幸せなのか？
- マニアックの将来はどうなるのか？
- 白人が一番を占めていることに、黒人はどのような意見をもっているのだろうか？
- 黒人が一番を占めていることに、白人はどのような意見をもっているのだろうか？

文章への反応を示す生徒の声から、彼らの考えや言葉の範囲が広がり、彼らの個人としての理解が深まったことが分かります。生徒は、登場人物の性格、複雑なところ、普段使わないような表現、小説中のストーリー、クレージー・マギーの歌、特別なエピソード、親切なところ、教訓といったことに着目しました。

それぞれの生徒がメモしたものについて話し合い、クラスでは一二四〜一二五ページに示したような点が挙げられました。これらは、私が用紙に記録したものです。

生徒の語りを録音すると

物語における対話の部分を台本として録音すると解釈のスキルが上がり、仲間の反応も参考にすることで文章理解を深めることになります。ジェイン・マクガーヴィー先生が教える小学校低学年のクラスには、「物語センター」(4)が設置されています。そこでは、生徒が語ったことを録音し、ほかの人はそれをあとから聞くことができます。そして、時には、作文の土台として録音されたものを使うこともあります。

ここで取り上げるのは、ローラという生徒が語った録音と、それがほかの生徒たちにもたらした効果についてです。

トミー・デ・パオラ作の絵本『まほうつかいのノナばあさん』〔参考文献28〕を生徒に読み聞かせしたあとで、私は物語のミニ・レッスンを行いました。魔法使いのノナおばさんに助けてもらえるような物語を生徒は語りました。また、ジュディス・ヴィオースト作の『アレクサンダーの、ヒドクて、ヒサンで、サイテー、サイアクな日』[5]〔参考文献61〕を一緒に読んだときは、パートナーに対して自分の最悪な日について（必要に応じて脚色して）話しました。こうした活動は、確かに生徒を夢中にさせました。しかし、私の満足いくものではありませんでした。

私は自分の子ども時代に思いをめぐらせ、小学一年生の作文の授業に期待するものを考えたところ、物語を語ることを「アート」として学ぶことが大切だと気づきました。幼い生徒だったころ、語るべき物語は自分のなかにあると言われていました。ですから、低学年の生徒が体験したことを再話してジャーナルに書き留めること、そして物語を創作して作文ファイルに書きためさせることが大切となります。生徒や、よき友である学校司書、そして私が一緒になって、物語の題材がどこで得られるかを探すのです。

（4）生徒自身が録音・再生でき、数人が活動できるスペースです。教室内のセンターやコーナーの使い方については、『ようこそ、一人ひとりを生かす教室へ』（前掲、北大路書房）の第7章と第8章を参照してください。

（5）邦訳はされていませんが、映画化されています（字幕版あり）。ミゲル・アルテタ監督、二〇一四年。

ローラという語り手

私たちのなかに天性の語り手を発見しました。ローラはまだ小さく、おとなしい小学一年生ですが、自分がよく知っている物語を録音しようとした最初の生徒です。セットの仕方、録音、一時停止、停止、巻き戻しなどといった操作方法を再確認したあと、ローラはホールに行き、ストーリーを録音しました。

長い時間、ローラは戻ってきませんでした。彼女が戻ってきたとき、その笑顔がうまくいったことを物語っていました。

唯一の問題は、廊下の通行人が邪魔になったことです。私たちはヘッドホンをつけて聞き、そして大笑いをしました！　次に示すのは、ローラが語った物語の書き起こしです。

赤ちゃんとオートミール

むかしむかし、ある家族がいました。赤ちゃんは何か食べたくなりました。そこで、お母さんがオートミールを取りに女の子を地下に行かせました。彼女が階段を降りていく途中、地下室からこんな声が聞こえてきました。

「ぼく……ぼく、一つ目おばけ」

彼女は大慌てで上に戻り、お母さんに言いました。

「地下室におばけがいる！」

赤ちゃんはオートミールを食べられません。

今度は弟の、小さな男の子を取りに行かせました。すると、地下室まで行く途中で、「ぼく、一つ目おばけ」という声を聞きました。弟も上に戻り、お母さんに「赤ちゃんはオートミールを食べられない」と伝えました。

お父さんが家に帰ってきました。お母さんが言いました。

「赤ちゃんがオートミールを欲しがっているの。地下室に行って、取ってきて」

お父さんが行きました。半分まで行ったところで、「ぼく、一つ目おばけ」という声を耳にしました。お父さんは上に駆け戻り、お母さんに「赤ちゃんは、オートミールを食べることができない」と伝えました。

今度は、お母さんが自ら地下室に行きました。地下室まで行く途中で、「ぼく、一つ目おばけ」という声を聞きました。お母さんは上に戻り、「赤ちゃんに、オートミールをあげられない」と伝えました。

そこで今度は、赤ちゃん自身が座っていた椅子から飛び降りて地下室に向かいました。赤ちゃんが地下室への階段を下りきったとき、「ぼく、一つ目おばけ」という声を耳にしました。

赤ちゃんはこう言いました。

「もし、オートミールをくれないなら、目を二つにしてやるぞ！」

ローラの物語は、みんなのお気に入り作品となりました。活動の間、「ぼく、一つ目おばけ！」という声がブームとなって聞こえてきました。

私はローラに対して、「クラスのみんなにこの物語を教えてほしい」とお願いしました。するとローラは、物語を再生しては止め、短い区切りごとにペアで練習をさせました。そして、私たち全員がこの物語をすっかり覚えてしまったのです。

オリジナルの物語をつくること

ストーリーテリングは、ページから言葉が飛びだしてくるような迫力があり、創作にも効果的であったと言えます。ローラの物語からは、おばけそのものとその感じ方に関する成長の様子が伝わってきます。国語に苦戦している二年生の場合でも、物語を語ることに積極的に参加すれば創作を促すことになります。(6)

人生は一つの物語

自分の人生を語る

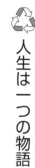

生徒のアイデンティティー、文化、そしてオリジナリティーは、それぞれが語るストーリーのなかに現れています。結局のところ、その人の人生経験が、語り手と聞き手を満足させるような展開やリズムなどを生みだし、独創的な物語をもたらすのです。生徒の意識・感覚と一つ一つの物語を大いに楽しみましょう。

経験に基づく生徒の再話には、地域の方言やさまざまな構文、独特の音韻、独自の観察眼、感情の濃淡、特別な場面、時間軸などが組み込まれています。生徒が再話を行えば行うほど、ストーリーは丹念に織り込まれていくことでしょう。

生徒が自身のことを語ったストーリーは、クラスにおいて認められるべきだと私は思っていま

（６）翻訳協力者から、「小学校国語科でも想像を膨らませて物語を書くという学習がありますが、『書く』ということがハードルになっている場合があります。こうして『話す』ことでも創作はできますよね。新たな発見でした」というコメントがありました。

す。生徒がストーリーの作用を理解するのはもちろん、自己肯定感をもち、居場所を感じられるからです。

それでは、どうすれば自分の人生に基づいたストーリーを語ること、出来事に対する考えをまとめること、経験を振り返ること、自らを客観視することなどがうまくなるのでしょうか？　そして私たちは、深い考えと知恵をもって聞き手を満足させるだけのストーリーを話すことができるのでしょうか？　また、私たちがストーリーをつくるとき、事実をどれくらい踏まえるべきでしょうか？　いずれにせよ、私たちでもプロの語り手のように演出することができるはずです。

人生のストーリーを共有できる教室

クラスを、安心な場所で、人生の語りを共有しあう出発点となるようにして、生徒のストーリーテリングをサポートしましょう。

・生徒が話したくなるタイミングで、自発的な語りを励ますようにしましょう。
・読んだり聞いたりしたものと自身の経験とを結びつけるように問いかけましょう。
・特別なイベント（移動演劇、プロの語り手、ゲスト）を用いて、自分たちの思い出を共有する機会をつくります。
・行事などの公式な場面で、あるいは雨の日の休み時間、片づけの時間などのちょっとした場面で人生のストーリーを再確認させるといった活動はいかがですか。

・プライベートな内容であっても、作文、絵、ドラマといった授業でのロールプレイとして使えば大丈夫です。

・人生で本当にあったことを題材として、フィクションのお話をつくらせてみましょう。それが作品の信憑性を強めること、また自分のこととして話したくないような繊細な話題を扱うときに便利な方法であるということも提示するとよいでしょう。

・お年寄りの家やホスピスを訪れて、人の話を深く聴くための機会を設定しましょう。

・異学年のクラスの「相棒」と、ストーリーを共有する場を設定します。あるいは、地元の高校生に来てもらって、小学生時代のことを話してもらうという機会を設定するのもいいかもしれません。

・クラス内の誰かのお祝いのたびにストーリーを共有しましょう。

・保護者会の夜、許可を得たうえで家族の物語について再話をお願いしてもよいでしょう。

・話し合いや読んだことを共有している際、要点を強調したり、モデル化したりするために、職業上でも、私生活の話でもいいので、勇気を振るってあなた自身の人生についてストーリーを語ってみましょう。教師自身がストーリーを語ることが、生徒に「話してみよう」と思わせる最良の方法となります。

実践例①――家族のストーリー

トロント市内の学校における二年間にわたるプロジェクトです。生徒、教師、親がストーリーテリングのスキルを成長させるため、学校コミュニティーのなかで世界中の語り手とそれぞれの文化や背景を共有する活動です。私は教師たちと協力して、書くこととそのほかのリテラシーを結びつけることを意図しました。

このプロジェクトで『家族のストーリー～ロード・ダフリン小学校での実践』〔参考文献29〕という本を出版した結果、私たちはある地域と学校における人生のストーリーが語れるようになりました。次に掲載したのは、ある子どもが寄せた文章です。

カナダに来て

ママと私はカナダに来ました。ベトナムは貧乏だからです。それから、おじさん、おばさん、おじいちゃん、おばあちゃんがカナダに住んでいるからです。ママは、カナダにたどりつけなかったら坊主になるって約束しました。

ママとおじさん、おばさん、そして私が船でベトナムを出るところからすべてがはじまりました。たくさんの人がいました。四〇人くらい。だから、食べるものも少ししかありませんでした。

　海洋に出たとき、嵐や雷に襲われました。そのとき、私はまだ二歳でした。おばさんとおじさんは、死んでしまうと思いました。おじさんがママとおばさん、そして私の手をロープで結び、もし死んでしまってもどこかに流れ着いて、一緒に埋めてもらえるようにしたのです。でも、次の朝、嵐と雷はやみました。幸運にも死なずにすみました。

　シンガポールに着いて、私たちはおじさん、おばさんとは離れ離れになりました。シンガポールでしばらく暮らしました。そこで、カナダから来た人がどのくらい英語がしゃべれるのかとテストをしたのですが、ママは不合格でした。それで、フィリピンに送られました。ママと私はそこで四年間暮らしました。そのころには、二歳の弟と、生まれたばかりの妹もいました。

　すぐに、カナダの人がまた来ました。今度はママも合格し、カナダへと送られました。教会の人たちが世話をしてくれました。食べるものや衣服もくれました。ミシソーガの教会で生活する気はあるか、と尋ねられました。ママは、おじさん、おばさん、おじいちゃん、おばあちゃんがトロントに住んでいるということで断りました。ママは、みんなのそばにいたかったのです。

お父さんがいないので、教会の人たちは家を見つけて、暮らせるように助けてくれました。それが、今私たちが住んでいるところです。

ヴァン・クァン・フー（七年生）

実践例②——写真が語る人生

写真と声のプロジェクトは、一四人の男子生徒と一四台のデジタルカメラで実施しました。生徒にカメラを配り、放課後の生活で写真を撮ってくるように告げました。

カメラのおかげで、クラスに不可欠な、お互いへの信頼感と敬意がさらに高まりました。また、生徒を主体的な探究者へと変えてくれるものにもなりました。彼らは、写真を通して声を発することになりました。そのなかに含まれた写真として、**表**に挙げたようなものがありました。

男子生徒は、記述式、あるいは映像式のジャーナル、あるいはその両方について短い文を添え、自分の写真を文章化するように言われました。写真と文章を通して、男子生徒は主張する「声」を手に入れたのです。

写真から自分たちの歩みを文章にする

この写真プロジェクトの結果、その後、生徒たちはどのように歩んでいったのでしょうか。い

表　写真に挙げられたもの

- 自分の周辺のもの　家、寝室、庭
- 趣味　Xbox(*)、読み物、テレビの習慣、スケートボード
- 友達や、一緒に写った写真
- 交通手段　登下校、モール、学校に行くときのもの
- 課外活動
- 放課後の活動　スポーツやクラス、クラブ
- 自分たちの生活のなかで大切な人
- 読んでいるもの、着ているもの、見ているもの
- 朝食、昼食、夕食で食べたもの
- 食事をとった場所
- 家族の交流

（*）マイクロソフト社製の家庭用ゲーム機です。

くつかのシナリオを紹介しましょう。

テレンス

テレンスは写真とアートの才能に目覚め、大学で映像・写真を専攻するという進路を選択しました。彼の才能はクラスでも異彩を放ちました。彼が自信をもちはじめ、将来の進路が定まった瞬間を私たちは目の当たりにしました。

テレンスは学校や権威に抗い、アルコール依存症に苦しんでいましたが、その人生が変わりました。カメラを手にしたときの彼は、自分の歩みと新しい選択、興味を語っていました。彼の才能は、クラスで写真を共有しはじめた初期のころから明らかでした。生徒たちはすぐに彼の作品を称え、添えられた文と

その冒険を楽しむようになりました。何という才能でしょう！

最後の作品としてテレンスは、自らの人生についてのＤＶＤを作成することにしました。写真、口頭での語り、そして音楽で構成されており、ディジタル機器も使用しました。彼のＤＶＤは学校でも公開され、問題の多い生徒たちを励ますことにもなりました。また、教育学部の学生や教師たちにも、一人の生徒の成功、才能、そして成長を示す例として公開されました。

タイラー

タイラーは、自分の住む家がないことを告白しました。もちろん、ほかの生徒のように写真を撮ることもできません。クラスの生徒たちは驚き、呆然としていました。生徒たちはみんな、生活背景、信条、好き嫌いなどが異なります。ですが、誰にも家はあります。

そこで、すぐにクラスのみんながタイラーをサポートしました。昨夜もベッドで眠ることができなかったにもかかわらず彼は席に着き、クラスにいて、五年生であること自体が尊いことだという私自身の感覚に共感してくれました。彼は、自らの人生を文章で表すことができるのでしょうか？

タイラーは「できる！」と即答しました。そのタイトルは「寝床を探し求める冒険」となりました。彼の言葉には偽りがなく、次のようにして毎日居候をさせてもらっていたのです。

「ベッドで寝かせてもらう代わりに芝生を刈り、夕食のための買い物を手伝い、友だちと一緒に過ごしていました」

寝不足、不規則な食生活、家族内での問題があるにもかかわらず、タイラーは毎日出席しました。仲間のところに居候をし、サポートを受けていましたが、そうした人たちとはすっかり友だちになっていました。

授業の終わり、クラスメイトに対して、「もっとも面白く、驚くべき、ワクワクして、予期しなかったこの授業の収穫は何ですか？」と私は尋ねました。すると、みんながタイラーのことを書いたのです。

ヨレヨレのジーンズを履いているタイラー、態度が悪く、ピアスの穴があるタイラー、三週間家がなかったタイラー、などです。

彼らは、タイラーが学校に来ていること自体をどんなに誇りに思っているか、またどんなに忍耐力、タフさをもっているかということについて書きました。また、タイラーの冒険を見聞きしたうえで、自分の家と家族に対する感謝の気持ちを書き記していました。(原注)

(原注)　残念ながら、タイラーは落ちこぼれグループの代表的な生徒です。安全な環境のなかで共有できたことは、タイラーにとっては健全な生活をもたらし、クラスのほかの生徒にとっては人生の授業となりました。

【ストーリーテリングについての振り返り】

教師は、生徒に対して「語りのモデル」を示すことができます。仕事や私生活のストーリーを価値あるものにして語ること、日々の授業においてストーリーを語るという活動を組み込むこと、そのほか機会を見つけて、生徒と個人的なストーリーを語る経験を共有することなどができるでしょう(7)。

あなたが、フィクションまたはノンフィクションをクラス全体あるいはグループに語るとき、またはあなたの日記やEメール、受け取った手紙といった資料を読み聞かせすれば、語りの作用にかかわる知識を身につけさせることができます。クラスにゲスト・ティーチャーを呼んで、語ってもらうというのもいいでしょう。もちろん、録音やインターネットのコンテンツを活用することもできます。

・生徒が熱中できるような語り(ストーリーテリング)の活動を設定すれば、語りの文化が根づきます。それが、生徒自身の声、主張をサポートし、励ますことにつながります。たとえば、文学作品や人生に関するストーリーの再話、役になりきっての再話、ストーリーの書き起こし、ストーリーによって刺激されたことから調べること、ストーリーにかかわるゲームをすること、ストーリーのある曲を歌うことなどです。

・語りの活動をさまざまな領域と結びつけることで、学習過程のほかの領域にも有意義に働くことになるでしょう。たとえば、西部開拓時代の人々について教えることは、当時を生きた人の物語を共有するということを意味しています。

・ストーリーを通して自分の声を発見した生徒には、以下のような成長が見られます。

①クラスで、英語（国語）以外の教科領域で、家で（本、パソコン、雑誌、テレビ、家族の会話など）、さまざまなストーリーがあることに気づくようになる。

②家および学校で録音した話をよく聞くようになり、語られるストーリーや読み聞かせを楽しむ。

③ストーリーに対して、感情や経験に基づいて反応するようになる（ユーモアや悲しみなどを味わいます）。

④家庭生活や学校生活の個人的なストーリーを話すようになる。

⑤読んだことや聞いたことと個人の生活経験を結びつけ、比較して対比するようになる。

（7）ストーリーテリングについては、本章で紹介された事例以外に、『退屈な授業をぶっ飛ばせ！』（マーサ・ラッシュ／長崎政浩ほか訳、新評論、二〇二〇年）の第3章で詳しく紹介されていますので参照してください。

⑥話がどのように展開するのかについて考えるようになる。
⑦よく考えて解釈し、個人としての意見を共有するようになる。
⑧個人あるいはペア、小グループ、クラスのコミュニティーのメンバーとしてなど、さまざまな状況でストーリーを読んで再話する。(8)

---

(8) 日本の学校では生徒の個人的な生活については触れず、それが顕在化しないように教師が配慮している場合が多いと思われます。日本文化の一つだと思いますが、この章で見てきたように、前向きな自己開示をするためにストーリーテリングを扱うことを積極的に考えてみてもいい時期なのかもしれません。

第5章

読むことが「声」を生む
――あなたは読書をどのように扱っていますか？

次に紹介するのは、ラリー・スワーツ先生と学習している五年生のグループが、ゲイリー・ポールセンの『*The Winter Room*（冬の部屋）』〔参考文献46・未邦訳〕のプロローグである「チューニング（調整）」を読んだときの反応と、読んだことについてそれぞれの考えを共有しているところです。

スワーツ先生　この本はどんな感じだった？

生徒1　本を書くとき、作者は情熱のすべてを紙にぶつけたのだと思います。

生徒2　想像力も。だから、気持ちや考えを読みとることができるのでしょう。読者がいてこそ本に意味が生まれると思います。

生徒3　本って、紙に黒と白の線があるだけ。だけど、人間に本は欠かせないと思います。

スワーツ先生　どうして？

生徒3　私たちは何も知らないからです。書き記さないと、自分の子どもたちやそのほかの人たちに知識を伝えることができません。死んでしまっては、話せないから。

生徒1　……それに、本は多くの考えを与えてくれます……本のなかの考えや気持ちと一体となり……読んだとき、その場の状況が思い浮かびます。

スワーツ先生　読んだ人の想像力がそうさせるのかな？　それとも、作者の文章がそうさせるのかな？

生徒1　両方だと思います。作者は自らの想像力を働かせて話を表現します。だから、読者はテーマや出来事について考えることができるのです。

生徒4　じゃあ作者は、紙に自らの考えを書きつけることによって、読んだ人の心にその考えを植えつけるということだね。

生徒3　私は、やっぱり本は素晴らしいと思います。たまに、人は妙な気持ちになったり、悲しくなったりします。本はそんな人たちを照らし、悲しみを和らげるように別の世界に連れていってくれます。

読み手のコミュニティー

クラスの生徒みんなが、読み手のコミュニティーの一員（本を読む仲間）であると感じられるようにしましょう。まだ字が読めない子どもでも、自分が文字や本の世界にいると気づいています。

自分が手にして、何度もページをめくってなじんでいる物語を読み聞かせてもらったり、いっしょに読むことや一人で読むことを繰り返すことで、それを感じるようになります。本を読む仲間の一人であるという実感、それがあらゆる年齢、発達段階において、読むことに対する成功へとつながるのです。

読むことに困難を抱えている生徒に対しても、「いつかはきっとよい読み手になる」と信じてサポートをしましょう。文字の世界に触れあうためにクラスのあらゆる素材[1]を使うべきですし、そうした素材が読むことに関する満足感につながらなければ意味がありません。私たち大人は、

（1）教材・教具だけでなく、教師・生徒の身の周りにある本、新聞、雑誌、パンフレット、説明書、ネット上の記事など、目につく文字情報すべてを指します。

自らの目的を成し遂げるために本を読むというスキルを身につけました。読み手のコミュニティーをつくるために私たち教師は読み書きの環境をつくり、生徒が読み書きを人生必須のものとして受け入れられるようにサポートする方法をとるべきです。

まずは、生徒自らが一人の読み手であると見なすような状況をつくります。次のような時間を提供しましょう。

・生徒自身が本を選び、静かに読める定期的、個人的な時間。[2]
・同じ本について、あるいは著者やテーマ、文化や形式でくくられたテキストセットについて、何人かの生徒で話し合いをするブッククラブ[3]の時間。
・クラス全体が参加する「いっしょ読み[4]」の時間。
・練習し、相手のために行うという前提で、「相棒」に対して、グループに対して、またはクラス全体に対して一人で読む、読み聞かせの時間。

クラスのなかに、一人で読める場所、ペアで読める場所、クラス全体で読める場所を設けましょう。また、本を並べる場所、生徒が反応したことを書き込める掲示板、新しい本やお気に入りの本のポスターやカバーが掲示できる場所などを設けることができればさらにいいです。

読んだものへの「反応」

文章に「反応」(5)するとき、生徒は多くのリテラシー能力を活用しています。彼らが読んだことに反応し、それを熟考し、そしてさまざまに表明することを探究するまでには時間がかかります。

（2）欧米では「ひたすら読む時間」、「一人読み」、「個別読書」などの名称で呼ばれ、国語の時間の中核に据えられています。『リーディング・ワークショップ』（前掲、新評論）、『読書家の時間』（前掲、新評論）、『イン・ザ・ミドル』（前掲、三省堂）をご覧ください。

（3）ブッククラブとは、「特定の本をメンバーが事前に読んできて、面白いと思ったところや考えたこと、そして疑問に思ったことなどについて話し合う会」（『読書がさらに楽しくなるブッククラブ（改訂増補版）』吉田新一郎、新評論、二〇一九年より）のことです。共訳者である私たち二人は、本書の翻訳においても、メールによるブッククラブで語りあうことからスタートしました。

（4）いっしょ読みは「子どもたちが読んでいる本や文章を見られる状態で、教師が滑らかに、そして表現豊かに読むところを観察し、そして一緒に読むように誘われる読み方」（『読み書かせは魔法！』前掲、明治図書より）のことです。

（5）私たちは、外界の刺激に対して無意識で反応を示しています。読むときも同様で、何らかの頭や心の働きが起こっているはずです。本を読んでも、「何も考えがありません」とか「感じません」と言う生徒がいます。本章にあるように、自分の反応＝「声」に気づく練習を積ませることでそれを克服することができます。

自分自身の反応を見つめることで、物語と自らの世界との関連に気づかせましょう。

自分の思いや疑問を明確にし、そして自らの思考を述べ、さらに独自の見解にまで高めるためには、一人あるいはほかの人といっしょに活動する時間や機会が必要となります。そうすれば、読む経験にオウナーシップを感じるようになり、自分自身の内なる声を探究する機会が増えます。反応もまた、現状に即したリアルなものとなります。

生徒のために、次のような場面をつくりだしていきましょう。

・テーマについての固定概念を打ち破る。
・他者と交流するなかで新しい学びを得る。
・登場人物や出来事について新たな見方を発見する。
・大きなテーマ（概念）に気づき、より大きな文脈から文章を見る。
・推測したことが妥当なものだったかを確認する。
・見いだした質問と見いだせなかった質問について答えを考える。
・文章の主題を検討する。
・読書から得られたことについて考え、既成の知識と結びつける。
・文章をもとに質問をつくり、比較し、評価し、結論を出す。
・読書経験を振り返り、自分の生活に取り込む。

・解釈したことを別の形、たとえば詩の形式で表現する。

読むこと自体よりも反応を表現するときのほうに時間がかかるものです。前向きな、意味のある読書経験を通して、生徒を「一人前の読み手」へと成長させるべく活動を進めましょう。

「反応」を引きだす授業づくり

反応にかかわる活動を注意深く設定することで、生徒の多種多様なレベルの思考・感情・学びを引きだすことができます(6)。

本について話し合う

・作品について、おしゃべりや振り返り、コメントをする。
・もし、自分が本の出来事のなかにいたら、文脈のなかにいたら、インパクトのある場面にいた

---

(6)　ここで紹介されている以外の方法に興味のある方は、『増補版「読む力」はこうしてつける』(前掲、新評論)の一九八〜二〇二ページを参照ください。

らなど、自分たちに関連づけて話し合う。

・今読んでいる本と関連するほかの本について話す。他のジャンル、形式、テーマ、文体、著者、文化などを取り上げる（さらに、こうして関連づけられた本でテキストセット(7)をつくります）。

・テーマについて、発表、ゼミ形式の学習、ディベートを行う。

・著者の人となりや、その背景、また著者のつくりだす人物について話し合う。

・テーマや問題点について、ブレインストーミング、問題解決、意思決定をする。

・おしゃべりのグループをつくり、リラックスした雰囲気で話し合う。ブッククラブでより深く話し合う。

・叙述されたものから、あるいは行間を読んで感想や考えを深める。

・本の内容についての質問や関連事項をまとめる。

・作品からの発見、また生徒自身の発見を共有する。

ストーリーを語る

・物語のなかの話と自分のエピソードを関連づける。

・一人ひとりの見方に基づいて再話する。

・目撃者や登場人物の役割になったつもりで、もう一度作品を読む。

・読んだ作品と関連する、あるいはそこから派生する別のストーリーを語る。
・その作品から派生させて、ストーリーテリングを行う。

ドラマ活動を行う

・ある場面を取り上げ、ロールプレイをする。
・文章をドラマ仕立てにつくり替え、友だちとさらに発展させる。
・物語の登場人物を用いて新たな物語をつくる。
・文章の調子や設定、雰囲気を用いてドラマ活動の下地にする。
・動きやマイムを考え、ペープサート（ウチワ型紙人形劇）などにする。

声に出して読む

・声に出して読み、友だちと好きな部分を共有する。

（7）　一つの教材を中心とする従来の教え方に対する、多様な生徒に対応する複数の教材を提供するための方法として二〇〇〇年頃から欧米で普及しはじめている方法です。生徒の興味関心や読めるレベルが違うので、一つの教材を提供するだけではすべての生徒のニーズを満たすことができないからです。詳しくは、『教科書をハックする』（前掲、新評論）の第7章を参照してください。

・本と関連のある文章を取り上げて読む。
・自分がメモ書きした反応をほかの人に読んで聞かせる。
・ブックトークをする。
・物語を録音して、いつでも試聴できるようにする。
・セリフの部分を脚本化して演じる。
・ほかの人の動作やマイムにあわせてナレーションとして読む。
・「相棒」や小さい子どもに読み聞かせする。
・物語をリーダーズ・シアターなどの台本にする。

読みをいかして書く

・オリジナルの作品をまねて自分の作品を書く。
・物語の別バージョン（スピンオフなど）をつくる。
・物語の登場人物になりきって、自分を主役とした物語を書く。
・本や資料のなかの情報を調査し、考察する。
・プロット図やストーリー図をつくる。
・読んだものから着想を得て、別の話をつくる。

・著者や登場人物、あるいはクラスメイトに手紙を書く。
・読書したときの考えや気持ちをジャーナルに書き留める。

並行読書・関連読書をする

・同じ著者や同じイラストレーターのほかの本を読む。
・その本のテーマや考え方、文体、文化と関連する本を読む。
・背景となる情報を見つけ、ウェブサイトで著者やイラストレーターについて調べる。
・その小説と関連するノンフィクションを読む。
・その本について、あるいはその時代、舞台設定、著者についての評価や報告を探す。
・その本について、ほかの生徒が書いた作品を読む。

ビジュアル化する

・内容をもとにイラストを描き、考えや感想をまとめる。
・本、テーマ、著者に関連する展示コーナーをつくる。
・作中の出来事についてマッピングしたり、図にしたりする。
・自分の反応をもとに立体造形をつくる。

・本についてのポスターやカバー、広告をつくる。
・本について、他のメディア（iMovie、ビデオ、スライドショー、静止画・動画など）を使って発表する。

作品・著者にかかわるイベントを企画する

・著者やイラストレーターをゲストに招き、インタビューをする。
・著者が追求したテーマや考え方に沿ってブックトークをする。
・同じ本について文章を書いた生徒同士のイベントを企画する。
・著者のホームページを見て、著者の人となり、考え方、そして日常などについて読む。
・自分たちも作品を書き、書き終えたものは本として発行する。
・学校全体で、その本や著者に関するイベントを設ける。

ブッククラブの方法

ブッククラブは、生徒を「読書」と「語り」というリアルな世界へ引き込みます。推測や解釈、反応なども含めて本について話し合うと、生徒はとても深いレベルまで読み込んだことを自覚し、

表　ブッククラブの進め方

①多様なジャンルのなかから質の高い児童文学を何冊か選ぶ。
②教師が、それぞれの本について簡単に紹介する。
③生徒は、自分が読みたい本を選ぶ。
④生徒は、同じ本を選んだクラスメイトを見つけて、３～５人のグループをつくる（理想は４人一組）。
⑤一日にどれくらい読むか、いつ、どこで話し合うかを生徒同士で決める。
⑥生徒は本を読み、自分の考えや疑問や引用などをジャーナルや付箋に記録しておく。
⑦グループのメンバーで集まり、読んだことについて、本やメモを使いながら話し合う。
⑧教師として、さまざまな役割を演じる。進行役を務めたり、課題を提示したり、話し合いを広げたり、ミニ・レッスンをしたり、時には一参加者になったりする。
⑨生徒といっしょに本の内容とブッククラブのプロセスを振り返り、評価する。

自身の生活や既存の知識と結びつけて読めるようになるでしょう。また、典型的なストーリーや語句の工夫、場面設定や登場人物などがこれまで読んだものとどのように関連するのか、そして文体の細部やイラストなどの要素についても話し合うでしょう。メンバーの幅広い意見に耳を傾ければ、小説（ノンフィクションも）の読み方が一人ひとり異なることにすぐ気づくはずです。

活動は小さなグループで行いますから、生徒はメンバーに話を聞いてもらうこと、読んでいる本に対する個人的な反応を話すこと、感じたことや考えたことを検証すること、意見や視点を変化させることなど、多くの機会を設けることができます。

大人向けのブッククラブでは、メンバーで同じ本を選び、あらかじめ決めた部分を読み、感想、疑問、気づきなどについて話し合っています。ブッククラブでは、ほかの人の話を聞き、会話することを通して、大人も子どもも自分自身を理解していくことになります。

ハーヴィー・ダニエルズは、読み書きの分野で私たちに刺激を与え続けている著述家ですが、『*Literature Circles*（文学サークル——ブッククラブと読書グループにおける声と選択）』［参考文献27・未邦訳］という本のなかでその進め方を考察しています。

教師であっても、生徒が読んでいる小説を読み、会話に参加すれば、その時点でブッククラブのメンバーとなります。教師は聞き役としても、ブッククラブのメンバーとしても、生徒一人ひとりの成長にかかわることができるのです。簡単なことですから、ぜひ試してみてください！

ひたすら読む時間

今日、学校ではさまざまな形で「ひたすら読む時間」が設けられています。こうした時間以外にも多様な本に触れる機会が生徒に提供されており、読むことが好きになり、読む力がつくよう

なサポートを教師から受けています。(8)

ひたすら読む時間では、生徒が自身の興味関心やニーズ、日常生活にあわせて本を「選択」することが大切です。そうして選ばれた本だからこそ、生徒は深く物語や情報に入り込み、自分なりに解釈し、情報を分類し、登場人物になりきり、文字（あるいは映像）の世界を生き、そして自分自身の「声」をつくりあげていくのです。「選択」と「声」は強く結びついているのです。

・ある学校では、生徒全員が二〇分程度の時間をとって静かに本を読みます。

・ある学校では、著者やテーマ別にあらかじめ選書された本のなかから生徒が選びます。しかし、同じ本を選んでもいっしょに話し合うことはせず、ひたすら読むことだけに費やします。

・私は、ひたすら読む時間にはある程度の枠組みが必要だと考えています。具体的には、選書のサポート、ブックトーク、個別カンファランス、ミニ・レッスン、読書ジャーナル、そしてガイド読み(9)（作品の特定の部分をいっしょに読み、生徒と対話しながら読む力をつける方法）などです。

・多様な生徒に対応する必要があります。励ましを必要とする生徒もいますし、選書について言

（8）日本において「朝の読書」活動が取り入れられた時期がありました。その方法は、決められた時間に「ただひたすら読む」という方法がメインとなっていました。その際、本章で後述されているような教師のサポートはむしろ行うべきでない、というルールが設けられていたことが多かったと思います。

うと、よりたくさんの本を読む必要のある生徒がいます。また、よりレベルの高い本に挑戦するように手助けをすべき生徒もいますし、より手軽に読める本を見つけてあげたほうがいい生徒もいます。

・サポート主体で生徒の選書する力を育てること、そして自己選択と自尊心を損なうことなく選択を修正・拡張することをバランスよく行いましょう。

・読書コミュニティーを強化するために、お互いの読みを共有し、サポートするように働きかけましょう。多くの場合、読書は一人でするものですが、コミュニティーのほかのメンバーに反応を示したり、コメントをしたりするというかかわりのなかで読む力は身につくものです。(10)

・生徒が自分を振り返り、個人としてどのように読み進めているかを話し合うために、二〜三人くらい、あるいはクラス全体で共有するように促しましょう。

・一人ひとりが読書の進み具合を話す場面で、生徒は読書に基づく情報や質問を共有します。それによって教師は、クラスの状況を手早く確認することができます。こうした時間を私は、「チェック・イン」(11)と捉えています。

・生徒が、ひたすら読む時間は英語（国語）の授業の一環であること、そして教師が読み手としての進歩と満足感に気を配っていることについて理解できるようにしましょう。

ジャーナルの活用

ジャーナルは、生徒がひたすら読む時間のなかで、読んだ本の振り返りに用いることができる便利な方法です。ジャーナルは、本によって喚起されたさまざまな考えや感情を記録したり、探究したりするときに使えます。教師は生徒の書き込みに対して反応を示し、異なる考え方を気づかせ、教師自身の考えを表明したりすることができます。

生徒の考えを明確にすることを助けたり、作品と生徒の人生・生活とを関連づけたりすることを意図して、生徒とのカンファランスをもとにジャーナルを書くこともできるでしょう。ジャーナルは、読むことと書くこととをつなげてくれます。教師は、カンファランスの記録だけでなく、

(9) 詳しくは、『リーディング・ワークショップ』と『読書家の時間』(ともに前掲、新評論)を参照してください。要するに、単に読ませることと読む力をつけるための時間は異なる、ということです。とくに、まだ読むことが好きではない生徒たちにとっては。カンファランスについては、一六二〜一六三ページを参照してください。

(10) 共有しあうことと次の項目の振り返ることに関しては、リーディング・ワークショップ=読書家の時間では、「ひたすら読む時間」とは別に、毎授業の最後、五分ほどを使って「共有の時間」として行われています。

(11) これについての大切さについては、『イン・ザ・ミドル』(前掲、三省堂)の二七八ページに詳しく書かれていますので参照してください。

生徒一人ひとりが読んだ本や、読んだことから生徒が理解したことも読みとることができます。一方、生徒は、読んだものすべてについての反応の跡をたどり、関連づけ、質問することができるようになります。ジャーナルに書くということは、読書から自然に沸きあがった印象や感想だったり、教師から提示されたオープンエンドの問い[12]に対する答えであったりします。

ジャーナルの使いはじめでは、読んだことをシンプルに再話させるのがいいでしょう。慣れてきたら、本に描かれている出来事への反応はより多様なものになっていきます。登場人物をはじめとするその他のもの、また情景についての描写が大いなる印象をもたらし、強い感情や思い出を引きだすことになるでしょう。

生徒は、気に入ったところや好きでないところを記録し、話が次にどうなるかを予測し、ストーリーに疑問を投げかけ、登場人物の考えや行動について「納得する部分」と「納得しない部分」を書いていきます。読んでいる作品は、ほかの物語や映画、実生活での経験を思い起こさせます。生徒はそうしたつながりを「選択[13]」してジャーナルに記録し、読書内容が自身の生活に何をもたらしたかについて振り返るのです。

ジャーナルは、読み手としての生徒、聞き手とガイド役としての教師双方にとって、考えや学びの情報源となります。まさに、教師と作品と生徒が交流しあう核となる存在と言えます。実際に、ある五年生が書いた初期のジャーナルを見てみましょう。

シンシア・フォイトについて

作者はシンシア・フォイトです。今、『イジー・ウィリー・ニリー　カレンダーの紙（Izzy, Willy-Nilly）』〔参考文献62・未邦訳〕の「帰宅」のところを読んでいます。ここは、見捨てられた生徒のこと、彼らがどのように生き抜いたかという一番の見せ場だと思うし、言葉の言い回しも一番だと思います。

たとえば、子どもたちがディシーに父親のことを話すようにお願いしたとき、作者フォイトは、「ディシーはわずかな記憶をかき集めました。ちょうど、散らかったビー玉のように」と書いています。すごい言い回しだと思います。ディシーが父親に関することを何とか思い出そうとしている様子が本当に浮かんできました。

私の予想では、このあと彼女のおばあさんが彼らの世話をすることになると思います。どうやら私は、作者フォイトの書き方に影響されているようです。描写を読むほどに、それが身についてきているような気がします。フォイトは登場人物をそのまま説明することはせず、こんなふうに言います。

（12）七七ページの注（1）を参照してください。
（13）「これ、とても大事だと思います。『本を読め！』とだけ指導する不毛な読書タイムにしないために」という翻訳協力者からのコメントがありました。

「ディシーは砂茶色の髪をかきあげました」といった感じです。
私自身と共通しているのは、主な登場人物が女の子であること、そして何らかの問題を抱えていることです。フォイトの書いたものは、私の読書レベルにぴったりです。
（シャロンのジャーナルより）

カンファランス

英語（国語）の授業のなかでカンファランスの場を設定します。(14) 生徒が心地よく感じ、一人ひとりが読んだことを楽しく話せるように設定しましょう。まずは、特別なコーナーを設けたり、座席をアレンジすると生徒の気持ちが開放的になり、実際に声も発しやすくなります。

一般的なカンファランスでは、生徒が内容を振り返り、再話し、ストーリーについての感想や内容についての意見を表し、文体や中身についての評価を行っています。そして、次にするべきことを生徒に決めさせます。たとえば、読み終えた本についてより深く反応するか、(15) あるいは新しい本を選ぶかということです。

カンファランスは、生徒がより深い意味を探究するためのサポートになるだけでなく、読み手としての成長を評価することにもつながります。生徒の反応や提言を記録すると、態度や関心、理解の度合いを評価することができます。年間を通して行えば、生徒の読解傾向が表れ、それは読み手としての成長を反映するものとなります。

授業中以外にもカンファランスはさまざまな場面で可能です。生徒が読む本を決める前に行えば、ほかの本と関連づけて新しい本を選ぶことができます。本の背景や著者、時代や場所について説明することもあるでしょう。時には、生徒が読んでいる最中に誤解している部分を正したり、すでに知っている事柄をもちだして理解を促したりします。ひょっとしたら、本の背景や自分の意見について、生徒のほうから話しかけてくるかもしれません。状況に応じて、一〇秒～一〇分ほどカンファランスを行います。

---

(14)　この章で述べられている「国語の授業」は、日本とは枠組みが異なります。日本では、生徒が自ら読む本や文章を選び、それを通して読解を深めていくという取り組みはあまり行われていません。読書に親しむことについては学習指導要領でも示されていますが、それが読解と結びついていないのが現状です。自分の選んだ本に親しみ、さらに読解を深め、自分の考えや見識を広げ、深められるのが理想だと思います。そうした営みを可能にする一つの手立てが、ここで紹介した「ひたすら読む時間」であり、その間に教師が行うカンファランスです。詳しくは、『イン・ザ・ミドル』（前掲、三省堂）をはじめとした書籍を参照してください。

(15)　一四九～一五四ページをご覧ください。これらは、あくまでも読書と、それに対する自分の考えや感情の動きに気づかせることが目標となっています。

国語以外の教科で読むことに挑戦

読書の時間を重ねていくと、生徒が一人でどんどん読み進めること、英語（国語）以外のさまざまな領域についてもっと長く、難しい文章を読むこと、より速く、適切に拾い読みをすること、さらに内容や情報を身につけること、そして関連する事柄をまとめることなどが期待できます。ほかの教科の新しい用語も学ぶべきですが、本のなかには入手が困難となっているもののほか、内容を更新すべきものもありますし、不正確なもののもあります。インターネットを活用して、教室でそれらを確認しましょう。

クリス・トバニ[16]は、著書のなかで「中学生にリテラシーの方法を教え続ける必要がある」と述べています。英語（国語）の授業における文章だけでなく、科学者が科学について、歴史学者が歴史や社会について、数学者が数学について読むようにするとよいでしょう。つまり、異なる教科ごとに異なる読み方や手順をとる必要があるということです。たとえば、次のようなことが考えられます。

・体験についてはどのように書くのがよいでしょうか？

・出来事をまとめるときにはどのようにすればいいのでしょうか？
・長く複雑な科学についての文章を生徒に課したとき、どれくらいの時間をかけるとよいでしょうか？［参考文献57、58、59］

生徒の探究活動や調査活動は、生徒自身の興味や疑問、答えや解決を発見したいと思えるような大きな概念や課題からはじまります。探究・調査が理科や社会の授業からはじまるように、小説や絵本のテーマからも探究がはじまります。

こうした探究活動は、数日から数週間にまで及びます。ある部分は宿題でカバーできるでしょうが、課題を見いだし、疑問を明らかにし、調査計画を立てる場所となるとやはり教室です。長いスパンで大きな概念を探究するプロジェクトを設定すれば、生徒はリアルな読み書きの体験に没頭することでしょう。私たち教師には、生徒自身が興味を大切にし、努力を継続させるためのサポートが必要となります。

生徒は、自身が調査した情報を文章にまとめます。その際、探究中に見つけた本や文章を手本

(16)　(Cris Tovani) アメリカ・コロラド州を拠点にリーディング・スペシャリスト兼高校の国語教師として活躍しています。

COLUMN ▶▶▶ 他教科でのリテラシー

英語（国語）教師は、読むこと（理解）と書くこと（構築）について、多彩なジャンルでさまざまな効果・文体・形式を教えています。こうした活動は、他教科においても実施することが可能です。多くの教師が、自分の教科で読み書きの果たす役割について探究しています。生徒が特定の分野の内容や手順、文体などを学ぶにあたって、より優れた読み手・書き手となるように努めましょう。

とし、調査資料の文体や構造、形式をまねて、それらを自分の成果物に組み込んでいくことになります。このようにして、生徒は特定の分野について理解と知識の構築を進めつつ、多種多様な情報を、処理する必要に応じて要約して理解する方法を身につけていきます。

活動を進めるうちに、生徒はクリティカルな視点で取り組むようになるでしょう。

より多くのノンフィクションの文章を共有し、探究しましょう。教室のなかで文章や映像を通して教えられると、その分野の理解が深まります。生徒は、調査を進めるために、確かな文章を用いてポイントを指摘する方法を身につけていきます。

ノンフィクションの文章が「学習の足場」となります。ノンフィクションの第一の目的は、実際の情報や重要な考え、鍵となる概念を伝えることにありますが、その一方で、書くことの面白さだけでなく、正確さや主張を豊かにするということを生徒に発見させるという点も見逃すことができません。(17)

【読書の授業・活動についての振り返り】

さまざまな本や文章の読み手として成長させるために、生徒とのやり取りを常に振り返りましょう。生徒たちが、家や学校、モバイルやデスクトップ上、マンガや詩集であっても、本や文章を適切に読むために教師がどのようにサポートしているのか、そして、どのようにしたらより良くサポートすることができるのかということです。

生徒は、読み手、書き手、探究者として熟練するにつれて

(17)　このあと、資料を通して得た知識をもとにドラマ活動を行う実践が紹介されています。権力にまつわる問題を抱えた村を想定し、その村の住民として役になりきり、問題解決型の学習活動を行っています。紙幅の都合で割愛しましたが、ドラマ活動に興味のある方は、本書の第6章および『ドラマ・スキル——生きる力を引き出す』、『ストーリードラマ　教室で使えるドラマ教育実践ガイド』を参照してください。なお、カナダ、オーストラリア、イギリスでドラマが重視されている理由は、教育制度全体がそれを大切にしていることもありますが、英語教師の多くがドラマ教師の資格をもっていることにもあります。両者は切り離せない関係にあるようです。

レスリー・クリステン／吉田新一郎訳、新評論、2003年

デイヴィッド・ブース／中川吉晴ほか訳、新評論、2006年

自分自身を表現し、感覚やアイディア、感情など、自身の内なる声を発見することになります。

・本や文章について、クラスメイトが示したアイディアについて、対話による考え方の変化について、生徒をより深く、より豊かな思考に導くために、どのように働きかけますか？
・生徒の感覚やものの見方を成長させ、幅広く関連づけ、概念を理解させるような発展的なテキストセットを準備するためにはどうしますか？
・インターネット上の本や文章と図書館の本、雑誌、インタビューなどの文章を結びつけるためにはどうしますか？
・教室の内外で目にする本や文章によって生徒の世界観を広げていくためにはどうしますか？
・焦点を当てている本や文章と、ほかのものとを結びつけることはできていますか？　シリーズや続編、自伝や絵本など……。
・著者が書いたストーリー、出来事、登場人物、作者の信条、書き方のスタイルなどを発見するように生徒を促すことはできていますか？
・著者についての情報、著者の話が聞けるユーチューブ動画などを見つけたり、生徒に探させたりしていますか？　物語を創作する背景となった著者の人生について、生徒は共感していますか？　文章を書くにあたって、生徒はどのような探究を進めましたか？　生徒は著者の作品について、インターネット上のレビューやクラスメイトの意見などのコメントを読むことができていますか？　著者が現在何を書いているのかについて、生徒は見つけることができますか？　もし、著者本人に質問できる機会があったら、生徒は本自体や著者の人生についてどのような問いをもつでしょうか？　交流が可能な著者のサイトはありますか？

・教室で扱う本や文章と、生徒が日常的に読む本や文章を結びつけるためにはどうしますか？

・リテラシーを身につけるために、さまざまな本や文章を取り上げ、モデルで示したり、実演してみせたりしていますか？

・ディジタル機器などのサポートを用いて、読むことに困難を抱えた生徒に支援をしていますか？

・学校や自治体で実施されているテストを、有用な資料として使用していますか？　それによって、より慎重に、具体的に、正確に、効果的な授業を計画することができていますか？

・生徒のリテラシーそのものが変化していることに気づいていますか？　たとえば、文章表現そのものや文体、ジャンル、文章の組み立て方、人気のある作品や手助けとなる作品が時代とともに変化していることに気づいていますか？

第6章

ドラマを演じれば「声」が明確になる

――あなたはロールプレイの力を知っていますか？

私は、社会科の封建制について探究しているガノ・ヘイネ先生が教える五年生の授業を参観してきました。生徒は、外国の支配者に王様が幽閉されてしまったことを知った忠実な家臣役になりきっています。どのようにしたら王様にメッセージを送ることができるのか、緊張感のあるドラマ活動に教師が取り組ませています。

生徒1　どうすれば王様を取り戻すことができるかな？

生徒2　王様が囚われている牢獄へ伝書鳩を飛ばそう。

生徒3　鳩を訓練して、メッセージの届け方を仕込もう。

ガノ先生　鳩を手に乗せて。落ち着かせて、優しくなでましょう。どうすればメッセージを届けることができるでしょうか？

生徒２　鳩に目印をつけよう。それで、どれが私たちの鳩なのか分かるよ。

生徒４　私がやる！　書けるよ。

ガノ先生　ほかにどんな工夫をしたらいいでしょうか？

生徒５　すべての鳩に籠が必要だね。誰かが餌をやって、籠を掃除することも。

生徒１　実験してみる必要があるよ。鳩たちが行って戻ってこられるか、ということをね。

ガノ先生　では、鳩を放しましょう。鳩は空へ飛んでいきました。腕を伸ばしてみて。鳩たちはあなたの手にちゃんと戻ってきましたか？

生徒３　鳩は、牢獄の場所をどうやって覚えるの？

生徒１　私たちがそこまで連れていって、そこで餌をやっていれば覚えるんじゃないかな。

生徒２　見張りに見つからないように、どうやってそこまで連れていくの？

生徒１　カバーをした荷車で。交易品を扱う商人と、そのお供になりすまそう。

ガノ先生　リハーサルと鳩の訓練が必要ですね。鳩を静かにさせておける？

生徒３　鳥籠が覆われているときは寝るようだよ。

ガノ先生　（床から鳩の羽を一枚拾い、自分の本に挟むという動作を見せて）この羽は、私たちの王国の自由そのものです。

COLUMN ▶▶▶ 考えを形にすること

役を演じると、生徒は自分のアイディアや言いたいことをはっきりさせ、振り返るために、自らが苦戦しているところを口に出します。クラスメイトの反応は、うまくコミュニケーションをとれているかの目安となり、それを気にしながら考えを口にします。

ドラマ活動のなかの問題や意思決定について話し合い、取り組んでいくにつれて、生徒は教室外の事柄を教室の中へともち込んで理解していきます。科学者を演じようとオオカミの子どもを演じようと、ドラマ活動での話し合いは考えを形にすることを促します。それはドラマの内外で起こり、みんなが自分の主張や意見を見つけていくことになります。

ドラマ活動とリアルな言葉

農民の立場になって生徒は、囚われた王様を解放するための方法を即興で探っていきました。すると、どんな発言をすべきか、周囲とどのようにかかわるかなど、注意を払うようになっていきました。

ドラマ活動は、参加者に対して内容、文脈、発言を考えさせるのです。と同時に、生徒がドラマの出来事を明確にし、解釈して、継続的に理解させるといった対話の場を提供します。生徒は「架空」という設定のなかでも「リアルな」言葉を使うのです。

ドラマの役になりきることは、生徒を狭い世界から解放し、新たな存在として認めることにもつながります。彼らは役に入り込むと同時に、架空の人生との関係、つまり「役のなかで見せる自分らしさ」

と「自分のなかにある役の部分」がつながっているという感覚を見つけるでしょう。つまり生徒は、もう一人の自分、もう一つの人生、もう一つの世界をつくりだすわけです。

ドラマ活動に参加すれば、生徒はそこで発言し、行動して経験を積んでいきます。ドラマに入り込めば、自分でも驚くような、また自らをも変えてしまうようなアイディアや方向性を見つけることになります。意味は、誰かに与えられるのでなくつくりだすものとなり、やり取りのなかで予想もしなかったような反応や言葉の力に出合うことでしょう。

役を演じることで、生徒は社会一般とはまったく異なる言葉の意味・用法を実践することにもなります。ドラマの内容に応じて、場面が変われば必要とされる言葉も変わります。ドラマ活動が感情や認識を揺さぶることで、生徒にとって新たな世界が広がります。そして、言葉を探究させ、言葉がもっている可能性の幅を広げることになるでしょう。

ドラマ活動はクラスで話し合う機会を提供するものですが、より大切なのは、リアルな、目的のある言葉を引きだすことにあります。

ドラマ活動を組み立てる

冒頭に紹介したドラマ活動でのやり取りには、教師が生徒の状況や内容の理解を進め、演じさせる方法が示されています。多様な視点からどのようにドラマ活動にアプローチするのかという考え方や組み立て方を見ていきましょう。

台本——台本として使う場面や文章をどうしますか？　生徒は、物語のなかにあるどの出来事を演じてみたいと思うでしょうか？　出だしと最終場面はどうしますか？　どの登場人物を演じさせますか？　生徒の演技を見るために、一場面か二場面を即興で演じさせましょう。映像に収めるのもいいでしょう。

創作ストーリー——オリジナルのストーリーを活用するにあたり、生徒はどの部分を展開させるでしょうか？　ほとんどのドラマ活動の授業は、用意されたオリジナルのストーリーからはじまり、生徒が即興でつくりだした別のストーリーへと移っていきます。そうすることで、二つのストーリー、すなわちオリジナルと創作バージョンを比較するという機会が得られます。

事前作業——どうすれば生徒が劇的な場面に夢中になるでしょうか？　生徒は、その場面のイラストをつくることができますか？　どの人物をイラストに描きますか？　字幕（キャプション）をつくることはできそうですか？　イラストはどのような順番で示しますか？　すべてのグループが異なる場面を選び、順番に見せあうことで、ストーリー全体をクラスで共有しましょう。

身体表現——子どもは身体の動きを通して即興演技を行い、表現します。身体の動きやダンスを通して想像したものを描きだすということです。活動に必要な音楽や楽器、そして歌もドラマの一部として生徒は選んでいくことでしょう。

調査活動——インターネットで検索した文章や本、映像から情報を見つければ、ドラマ活動をより広く、深くする強力な材料となります。誰が調査しますか？　誰が疑問をもつでしょうか？　それを新たな調査や説明、そして発表の出発点としましょう。

共有の場——生徒には活動を発表させ、創作した作品を共有する経験をさせたいものです。ドラマは、コミュニティーづくりの可能性の出発点となります。生徒はコミュニティーのメンバー（ほかの生徒）とオリジナル・創作のストーリーを共有します。この共有は、ドラマの続きやロールプレイの様子にどのような影響を及ぼすでしょうか？

役と作文——私たち教師は、生徒がリアルな場面で書く機会を求めています。手紙や日記、探究したテーマに基づいて作成した文章なども、ドラマから生まれた作品となります。

ディジタル活用——ＩＣＴは学校でも身近なものになっています。ブログやＥメールを使って登場人物になりきり、話題について話し合うこともできます。グループごとの、物語が発展していく様子を録画するのもいいでしょう。ディジタルを活用するためにはどのような方法があるでしょうか？

場面をつくる

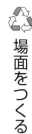

ドラマをつくるというのは一つ一つの場面の積み重ねであり、レゴをつくっていく様子に似ています。すべての場面が前の場面を引き継いだものとなっています。頭の中で出来事を追い、前の場面の流れをふまえて別の場面や異なる話をはじめることができます。

聞き手の前に立てば、話し手はいつもより発言に注意を払うものです。安心できる学習環境のなかで状況に対処して話をしていけば、言葉は変容します。聞き手を意識することで、効果的に言語を使用するスキルが成長していく様子を見つけることができるでしょう。

ドラマ活動の場面では、さまざまな段階において、人前で発表・表現するといったやり取りが出てきます。

・リーダーとして部下に話す。
・役になりきって、ほかの人に聞かせるために内容を考えて話す。
・この先に用いるアイディアを、グループで演じてみせる。
・役になりきって、ほかの人に自分の意見を述べる。
・ストーリー上の情報を必要としている相手に語る。

図　ドラマ活動の「話すこと」レベルの変容

役のうえで

演技 ⇨ 即興 ⇨ 役づくり ⇨ 共有 ⇨ パフォーマンス

役を離れて

おしゃべり ⇨ グループ討論 ⇨ 調査 ⇨ 反応と振り返り

・起こった出来事についてほかの人に語る。
・クラス全体で、報告や発見したことを発表する。
・役になりきって、ほかの人のインタビューを受ける。
・役になりきっているほかの人々に、ドラマ内で成し遂げたことをまとめて伝える。
・グループとして、観衆の生徒をドラマに引き込もうとする。たとえば、何かを決定したり、情報を得ようとしたりする。
・グループで出来事を振り返り、ドラマに対する反応を共有する。

ドラマ活動を学びの方法として使用すると、生徒はより自信をもって、より習熟した感じになっていきます。だからこそ、話し手の生徒と観衆となるクラスの距離が近くなり、一体感のある教室の中で演じることができるのです。

単なる「演技」から「パフォーマンス」に至るまで、「おしゃべり」から「討論」に至るまで、可能性の幅は広がっていきます。実際、一人ひとりが複数の役割で活動し、ドラマの状況をさらに探究することでしょう。ドラマの中心人物を演じれば、ほかのメンバーの状況を把握したり、探究することもできるようになります。

舞台へ誘う

ドラマ活動をリードするにあたって、私は即興の対話を注意深く聞き取り、次の場面をつくります。こうして場面を重ねて、ドラマは形づくられていきます。ドラマに入り込んでいるグループは登場人物になりきって、普段とは違う視点をもちます。ロールプレイをする人が没頭するほど、ドラマ活動はひと味違う意味を積み重ねていくようになります。

低学年の生徒は、たいていドラマ活動に夢中になります。しかし、教師は、高学年の生徒といっしょにロールプレイすることの利点に気づくはずです。高学年の生徒の場合、ドラマの展開に応じて異なる登場人物になることを試みたり、異なる視点を探究したり、即興の対話に入ったり、考え方を変えたりするからです。カリキュラムをつくるにあたって、どのようにすれば高学年のドラマ活動を組み立てることができるでしょうか？

私は、次のような問いを立てました。

COLUMN ▶▶▶ ドラマ活動の教育者ドロシー・ヒースコート（Dorothy Heathcote）のコメント

生徒は、自らの決定に基づいた生活を送らなければならないとなると、大人と同様に責任ある振る舞いをします。ただ、もちろんのことですが、それぞれの生徒は自身の社会性や想像力、知識のレベルに応じてドラマに参加しています。経験豊富な教師であれば、傍観する人、真似をする人、観察する人、ドラマをリードする人などを位置づけていき、さらには相互作用を促進し、外部の人を引き込み、多数派の意見をあえて崩していき、物語をより豊かな体験に導くことでしょう。こうした活動が生徒の社会性やドラマのスキルを育み、最終的には強力で、劇的な瞬間を創出することになります。

・役のうえで相手といっしょに探究できるような出来事を、生徒は文章（ストーリー）から選べるだろうか？
・登場人物の視点になりきって、物語を生徒に再話することができるだろうか？
・あるテーマを用いて登場人物の生活における異なる一面を調べる単元を設定し、タウンミーティングを開くことができるだろうか？

こうした問いの先には、「なりきって」考えたり、話したりできるという大きな可能性があります。

生徒をコーチする

生徒といっしょに活動をつくっている間、私はドラマを動かすために**表**（左ページ）に示した「声かけ」

表　ドラマ活動における生徒への「声かけ」や「問いかけ」

- （言葉を繰り返して言い）あなたが言ったのはこういうことですか？
- それがあなたの意味していることですか？
- あなたが言ったことは、どのような結果に結びつきますか？
- あなたがしたことは、どのような結果に結びつきますか？
- ほかの人は、あなたたちの行動をどのように考えているのでしょうか？
- 何を意図して言った、あるいは行動したか教えてください。
- 活動のスタート地点をもう一度教えてください。
- この場面を行う前に、役のうえでの生活をもう一度思い返してください。
- これより前に、この行動に影響をもたらす場面や出来事がありましたか？
- 今までの出来事を思い出してください。
- この先に何が起こるか考えてください。
- 一旦止まって、何が起こっているのか整理させてください。
- あなたが注目した行動や感化された発言について、誰かに話してみてください。
- 今の出来事に対するあなたの反応を、そのまま声に出して言ってみてください。
- グループで、○○の場面を再演してみてください。
- グループで集まって、○○の場面を考えてみてください。
- ペアになって、あのときに起こったことを考えてみてください。
- ○○の場面の静止画をつくってみましょう。
- 一人で、○○の場面をつくってみましょう。
- 輪になって、一人ずつこれまでのストーリーについて感想を述べてください。
- グループで、○○のイラストを描いてみてください。
- 役のうえで、私があなたといっしょに○○として活動します。
- これは、○○な人々についてのストーリーです。

や「問いかけ」をたくさん用いています。こうした「声かけ」や「問いかけ」は、進行中の言動を再考させ、方向性を発見させる手助けとなります。私は、生徒個人に対しては、前ページに示した**表**のように役のうえでの立場を自覚させるように問いかけ、グループに対しては、クラス全体で理解するために繰り返し演技をさせるようにしています。

緊張感をもたせる

「緊張感」というものは、神秘的かつ驚異的であり、読者を読む気にさせ、そのための時間と空間をそこに誕生させます。劇作家と同じく、私たち教師も生徒にある種のプレシャーをかけることによって、問題解決や自己決定に緊張感をもたせることができます。そして、驚きやショッキングな経験をもたらすことができるのです。たとえば次のようにです。

・大きなカヌーの乗組員のなかで誰かが死にそうである、という場面設定をします。これによって、生徒は何をすべきか再考せざるを得なくなるでしょう。

・そうなりそうだ、という流れとまったく反対の経験をさせます。たとえば、クラス全体が朝霧のなかから現れた村に入り込んだとしましょう。その次に私は、霧が消えて晴れわたり、敵の村が見えてきた、というシチュエーション（場面設定）に変えます。

・演者に特別な要求をします。賢者と話す機会を得るためには謎解きをしなくてはならない、王様の許しを得るように注意深く言葉を選んで、心を動かすように話さなくてはならない、などです。

・教師は、リーダーとして生徒に難題をふっかけます。ある一人だけが安全な手順を知っている、日食が起こったために白鳥が例年より早く戻ってくる、といったような感じです。

・特定分野の専門家となるように生徒に言います。絶滅危惧種の動物についての情報を知っている、これから訪れる島の文化を理解している、などです。

・ドラマでの出来事を振り返らせて、活動を意識的にペースダウンさせることがあります。たとえば、何か一つだけ選択しなくてはならないときは三つの選択肢に絞る、怪物と戦う前にはリハーサルをして武器の状況を確かめる、選択肢を増やすために時間を巻き戻したり早送りしたりして示す、地図とマーカーを用いて慎重に計画させる、などです。

・もちろん、リーダー役の教師として活動し、教室の枠組みを超えた緊張感を与えることもできます。「私が幼かったころにも、この村で実際に同じようなことがありましたよ」などと言えば、ドラマに新たな方向性が加わることになります。

こうした方法を取り入れることは、生徒の感情やアイディアを向上させることにもなります。

それによって、ドラマ活動がよりパワフルになっていきます。教師は行動だけでなく、振り返りに対しても反応を示していきましょう。そして、起こりうる出来事に対してしっかりとした文脈をつくっていきましょう。

ドラマ活動の実践例——オリジナルなストーリーから派生したストーリー

ジェイン・ヨーレンの『ジャングルとの別れ　狼に育てられた少女』（真方陽子訳、すぐ書房、一九九三年）［参考文献69］を用いて行った私の授業は、「並行するストーリー」を進めた一例となるでしょう。初めに、森の生き物に育てられた子どもについて、生徒が見聞きしたことのある本や映画について話し合いました。クラスからは、「ターザン、モーグリ[1]、オオカミに育てられた子どものことを聞いたことがある」という言葉が返ってきました。そこで私は、クラスに向けてドラマ活動を通した問題解決を提案しました。

「私たちは、ジャングルでオオカミに育てられた一二歳の男の子を『人間化』するプログラムをつくるように依頼された科学者グループです。四年間で、文明化された普通の生活を送れる一六歳の子どもにするのが任務です。最初にすべきことは、このオオカミ少年にどんなトレーニングを行ったらいいかを明らかにすることです」

小グループとなって科学者として活動するなかで生徒は、野生の子どもの行動と価値観を変えるために、直面した課題について考えることになります。グループごとに、オオカミ少年の言葉、着る物、食べ物、教育、習慣、感情的な欲求などを変化させる方法を考えます。次は、グループごとにクラスの前でそれぞれのアイディアを発表します。その間、プロジェクトリーダー役の私（著者）は質問や提案をしていきます。生徒はオオカミ少年の存在を疑わず、各グループの一員としてクラスに貢献し、代案を出し、学習が進むと役になりきって会話をするようになりました。「一年が過ぎ、それぞれの科学者グループでオオカミ少年の進歩を発表するときが来ました」と、アナウンスしました。グループごとにそれぞれの発見に関する発表をするわけですが、生徒の使う言葉の変化は劇的なものです。彼らは科学者になりきっており、クリップボードに挟んだメモをもとに話しはじめるのです。もちろん、身振り手振りも、言葉の選択も、聞き手への意識も、役になりきる度合いもより高度になっていきます。ドラマに没頭することで、自らのことを専門家だと思い込むようになっていたのです。

ドラマ上で、三年経ったあとの発表の際、初めのグループが「少年を元のところへ戻して自由にすべきだ」という感想を述べました。これに関するクラスの意見は、賛成と反対に二分されま

（1）『ジャングル・ブック』の主人公で、オオカミに育てられた人です。

した。そこで、私たちはそのことについて話し合うために改めてグループをつくりました。これに対する影響は大きく、三番目のグループは結論を出せず、他のグループとの間に位置するような意見になりました。

議論は続き、気づいたらずっと話しているような状況になっていました。残念ながら、スクールバスの時間になってしまったので決着とはなりませんでした。そこで教師は、生徒に対して、感想のほか、活動を通して出てきた意見を幅広く集め、それらをまとめて私（著者）宛に書くようにと言いました。

生徒の感想と意見

・彼は人間だと思います。
・彼は人間になるか、オオカミになるかを決めかねています。僕が思うに、オオカミになるというのは難しいです。
・僕は、この話が好きです。オオカミ少年が料理をしたと僕が伝えたら、科学者たちはオオカミ少年が実験室で学習し、生肉を食べる方法を理解した、と報告してくれました。
・オオカミ少年の話を聞かせてくれたことに感謝します。科学者になる体験はとても面白かったです。私は、少年をオオカミのままにしておくのがいいと思います。人間について言って聞かせる人に会う必要はないでしょう。

・とても興味深く、楽しい一日でした。夢中になれました。そして、たくさんのことを学びました。とても素晴らしい経験だったし、この日のことは忘れないと思います。オオカミ少年には、自分で選択をさせてあげたいです。

・オオカミ少年のことを話すのは本当に楽しかったです（現実のことではない、とよく分かっていたのに、です）。とても興味深い授業でした。私は内気なためにあまり喋らなかったのですが、ほかの人の話を聞いて、頭の中でたくさんの考えがひらめきました。

生徒と私は二度と「オオカミ少年」に会うことはありませんでした。すでに、オオカミ少年が存在する必要はないようです。生徒はオオカミ少年について話し、存在していないはずの存在を生みだすことができました。生徒は、彼の過去を熱心に思いやり、彼の将来に確信をもって議論しました。こうした学習状況と彼の存在を信じ込むことで生徒の言葉は成長したわけです。

生徒は役になりきり、専門家のマントを羽織った「科学者」になりました。そして、ドラマの方向と言葉遣いを自分たちで決定しました。彼らは、学びのオウナーシップを手にしていたと言えます。想像上の文脈であっても、彼らはリアルな声や意見を見いだすことができたのです。

教師の役割

ドラマ活動をつくるにあたって、私は教師の役割を次のように見いだしました。

ストーリーテラー――これまでに何が起こったのかを語り、演者に働きかけ、演者自身がストーリーを整えるように仕向けます。（例・この街では、ある若い女性がつまらない日常生活のなかでパーティードレスを着ることを夢見ています。でも、誰もそんな夢は叶わないと思っています。）

演出監督（役づくりの監督）――演者に対して指摘したり疑問を投げかけたりして、言葉や行動の内容について再考するように仕向けます。（例・ケガをした夫があなたや子どものためにお金を稼げなくなったことについて、どのように考えますか？　また、何を言わないように気をつけますか？）

演技監督（演技の監督）――演者の会話と行動から短い場面を組み立てます。そして、出来事に対してそれぞれの演者が反応する機会を与えます。（例・教区民のあなたは僧侶が感じている罪悪感に気づきましたか？　僧侶の家を掃除するとき、彼は落胆したことについて話をしましたか?)

コーチ――ためらいがちな演者の側にいて指示や問いかけをしたり、優しく促して演技をさせたりします。(例・両足を失った事故について話をしてください。助けてくれたのは誰ですか? 奥さんに告げてくれたのは誰ですか?)

演者――時に一般住民を演じたり、コメントしたり、ほかの人の言動について尋ねたりします。(例・誰かが教会のお金を盗んだというのはショックでした。だから、私は手持ちのお金から教会に寄付しました。本当は子どもたちに与えるお金だったのですが……。みなさんはどのように思いますか?)

【ドラマ活動の振り返り】

・どうすればドラマ活動をカリキュラムに位置づけることができますか? ドラマ活動をよく知らない上級生といっしょに活動できますか? カリキュラムのなかでドラマ活動を行い、教師であるあなたが生徒の世界に入り込み、生徒の発言を促すために何をしますか?

・どうすればドラマ活動を通して生徒がインタビューの腕を磨き、自然に反応できるようになりますか? 作品の登場人物を仮定して、生徒はインタビューをすることができますか? 歴史上の出来事、小説の出来事を利用してインタビューする状況をつくるとしたらどのようにしますか？　話し手をよく理解するため、ディジタル機器を用いてインタビューを書き起こしたり、映像を取り込んだりして、さらに内容を深めることはできますか？

・あなたの扱っている文章は、ドラマ活動の台本として使えそうですか？　作品のなかのどの場面を取り出せば、生徒はペアあるいはグループで即興すること、そして役になりきって話すことができそうですか？　会話を取り上げて理解するために、即興場面を一つか二つ共有しましょう。iPadやスマートフォンを用いて、各グループの活動の様子を映像に収め、パソコンとプロジェクターを用いて共有しましょう。

・作品を用いるうえで、ストーリーのなかにあるどのような出来事を取り上げれば、生徒をオリジナルのストーリーから派生した創作ストーリーへと誘い、場面設定や時・場所・人を変化させるように仕向けられるでしょうか？　また、オリジナルのストーリーと創作したバージョンとを比較する機会をどのようにして設けますか？

・物語のクライマックスとなる場面を、生徒はどのように捉えますか？　生徒はその場面のイラストを描くことができそうですか？　物語全体をクラスで共有できるように、グループごとに出来事を選び、一連のイメージをイラストとして描くことはできそうですか？

・Wi-Fi環境の教室において、生徒が想像したことについての動きやダンス、あるいはＢＧＭ

を添えて、表現された作品やその解釈について発表することはできますか？
・ドラマ活動にかかわる知識・情報を見つけさせるために何をしますか？　ドラマ活動を拡張および深化できるような文章や本、イラストなどを、どのようにしてインターネットで探させますか？　誰が調べ、誰が問いかけをするのでしょうか？
・仲間づくりにドラマ活動をどのように活用しますか？　架空のコミュニティーの一員になりきって、読んだ物語や創作したストーリーについて共有させるタイミングはいつでしょうか？　また、こうした共有がその後のドラマの進展に影響を与えることはできるでしょうか？
・ドラマ活動のなかで、役になりきってリアルな作文を書かせるためにはどうしますか？　探究しているテーマに沿った手紙や日記、文章などを書くことはできますか？　それらは、活動のなかの成果物となります。
・役になりきって一つのテーマについてお互いに話せることを目的として、学校のディジタル環境（ブログやEメールなど）をどのように使うことができますか？　多様な解釈を示していくグループの成長を確認するために、どのような場面を映像に収めますか？　このような極めてアクティブに学習するなかで、どのような形でディジタル機器を用いることができますか？
・ドラマ活動や即興の演技を通じて生徒が探究に手応えを感じるようなチャレンジを提供するために、どのような台本やストーリーを選べばよいでしょうか？

第7章 自分の「声」に耳を傾けて ――あなたの生徒は伝えあっていますか？

聞き手に情報を提供するという視点に立てば、トーク活動の機会はいくらでも設定することができるでしょう。書評や映画評論、グループ課題や長期プロジェクトの成果報告、ゲームのやり方の説明、放送機器によるアナウンスなど、すべてが「何をどのように話すか」を考える機会となります。たとえば、生徒に過去の経験やストーリーを話させる場合、話をはじめる前に出来事やそれにかかわる情報、一連の流れなどを確認するための時間をとりましょう。そうすると、自分の書いたメモを読みあげるときに生徒は、その場で文章や言葉を換え、いらないところは省略し、聞き手のことを意識して言い直すようになります。

以下の記述は、ある小説への反応について、ナンシー・スティール先生が八年生に対して行ったカンファランスの様子です。

スティール先生　『Rule of the Bone（ボーンの流儀）』〔参考文献5・未邦訳〕を読み終わりましたね。夢中になっていたね。そのせいか、早く読み終わったようですね。どうしてかな？

生徒　とても面白かったからです。本当にありそうな話で、こういう本は好きです。男の子は「チョッピー」と言うんですけど、それは「ボーン」と呼ばれるようになる前の名前で、その子が本当にありそうなことに巻き込まれていきます。本当に面白い。

スティール先生　どういうところが面白かったの？

生徒　うーん、彼はつらい生活を送っていて、血のつながっていないお父さんやみんなからいじめられているんです。そこで、彼は逃げだして、友だちといっしょにバイクのライダーたちと生活するようになります。あるとき火事があって、ライダーの一人が彼を助けてくれました。ボーンは脱出できたけど、ライダーは死んでしまったんです。

スティール先生　本当？　すごいね。リアルな感じが好きなの？

生徒　そうなんです！　かといって、身近な話でもないですが。彼（著者）みたいな人が、実生活よりも面白い話をつくっているんですね。

スティール先生　それでは、実際には起こらないってことですか？

生徒　たぶん、全部がお話のなかだけってことではないと思います。ボーンは、バスで生活しているレゲエの人に会うんだけど、この人がよく世話をしてくれます。

スティール先生　レゲエでよく「アイマン」って歌うような人かな。(1)　あなたはどう思ったの？

生徒　最初、彼はいい人でした。ボーンをよく世話してくれて。でも、そのあとはボーンをこき使うようになったんです。ボーンがジャマイカに行くお金を手に入れたときには、もう興味がないみたいでした。ボーンはアドバイスを求めたんですが、彼は「お前次第だ」と言うだけだったし……。

スティール先生　それじゃあ、ボーンが行くべきかどうか、決めてあげるべきでしたか？

生徒　うーん、でも、これも彼（アイマン）の教えの一つかも。「お前次第だ」って。

スティール先生　ボーンに、自分の人生は自分で決めろ、と言いたかったのでしょうか？

生徒　そうですね、この本の教訓かも。この本には道徳的なところもあります。

スティール先生　でも、さっきは、アイマンがもっとボーンの面倒を見るべきだった、と言っていましたね。

生徒　アイマンは人助けするような人じゃないから、無理もないかなあ。

スティール先生　では、期待されたからそうしただけで、元々はそんな人ではなかった、ということですか？

（1）「I－man」はレゲエの歌詞のなかによく出てくる言葉で、「I」（私は）と同義です。

生徒　たぶん、そうです。

スティール先生　大人は子どもを助けるものだと思いますか？

生徒　必要とあればそうするでしょう。そうでなければ放っておくでしょうね。

スティール先生　アイマンに何があったのでしょうね？　彼は、完璧な人生を送ることができるというジャマイカの平和な世界について話をしていたようですが、ボーンはそのことを信じていたかしら？

生徒　そうですね……。それから、ある男が来て、ドラッグのせいでアイマンを殺してしまったんだ。人種差別主義者です。ボーンは白人じゃないから殺してやろう、なんて言うんだから。

スティール先生　それでは、アイマンは答えを出す前に死んでしまったんですね。ボーンは、この経験から何を学んだと思いますか？

生徒　ボーンは、二度と人を頼ることはしないと思います。

スティール先生　本当？　どうして？

生徒　そうだな、ボーンが頼った人はみんながっかりさせてきました。父親も、継父も、アイマンも……。

スティール先生　ボーン自身はいい父親になると思いますか？　彼のお父さんとは違った人になれますか？

生徒　うーん、たぶん無理です。いいお手本がいなかったんだもの。

交流することから

この生徒は、とくに優れた読み手ではありません。読み方を学んでいるときに彼は、「僕はストーリーを暗記して、読んでいるふりをしていた。でも、話の順序がめちゃくちゃで繰り返すだけだったので、すぐにみんなにばれてしまった」と言っていました。そして、「ある日、自分が読めるようになっていることに気づいて驚いたんだ」とも言っていました。

どうしてそうなったのか、とても不思議です。彼は、自分の本を学校に持ってくる

COLUMN ▶▶▶ メモや原稿を用いて、自分なりの意見・考えを発見させる

生徒の考えを記したメモや原稿を使って、自分の意見・考えに気づかせる機会を設けましょう。たとえば、本について教師と話し合っているとき、調べた情報を報告するとき、ゲストを紹介するとき、詩を読み聞かせするときなどがいいでしょう。

生徒は耳だけでもメッセージを聞き取ることはできますが、聞くだけでは意味レベルの理解しかできないものです。メモや原稿を見ながら以下のような活動を行えば、話すにしても、聞くにしても、その効果を実感することができるでしょう。

読み聞かせしてもらう。スピーチを聞く。ブックトークを聞く。プレゼンテーションを行う。プレゼンテーションをつくる。インタビューを受ける。報告する。アナウンス原稿をつくる。ディベートに参加する。書いたものを共有する。調べたことを共有する。下級生に読んであげる。

ことはほとんどありませんでした。暇があればいつも小さなスケートボードで遊び、複雑なジャンプやターンを繰り返していました。

でも、ある日、彼はすっかり『ボーンの流儀』を理解してしまいました。友だちと回し読みをして楽しんでいました。一冊の本が生徒とスティール先生で共有され、実生活での話題となったこと、それが彼の知覚や視覚に影響を与えたと言えます。彼はすでに「本を読む」という、たった一つの共通点ではありますが、その仲間の一員となりました。

生徒は、個人的な理解や反応を他者と共有できたとき、本や文章を深く、ほぼ完璧に理解することがあります。そんなときは、ブッククラブやカンファランスといった活動を通してクラスメイトや教師と話すことに必ず恵まれます。教師の助けを借りて、読んだことについての個人的な反応をメンバーと共有・交換します。自分の反応をメンバーに示せば、いっしょに読んでいる人との関係はさらによくなるでしょう。

伝えあう活動の実践例——ツアーガイド（インタビュアーはブライアン・クロフォード先生）(2)

小学校の低学年を担当しているルース・ワイマン先生が企画した保護者向けイベントは、とても面白いものでした。学校についてよく知っている子どもが、保護者に対して学校での活動を説明したのです。フォーマルな状況において子どもは話し手の役割を果たし、落ち着いた様子で話をしていました。

ブライアン　あなたと生徒がいっしょに企画した「子どもがガイドするツアー」について教えてください。

ワイマン先生　娘の教室を訪れたときですが、保護者と教師の面談が、教師ではなく私の娘が計画したものだと聞かされました。とてもいいアイディアだと思いました。夫婦で行ってみると、娘が通知表を「書いて」、それを「読んで」くれました。娘と教師とで計画し、学んだことを披露してくれたのです。先生はいつでも娘を手助けする存在だったようです。最後は、先生と出席した四組の父母と子どもたちでの交流タイムとなり、それで面談は終了しました。雰囲気がとてもよく、子どもたちが大いにエンパワーされるものでした。先生に対してこのアイディアをお借りしたいと伝えたところ、快諾してもらえました。(3)

---

(2)　八ページ、八〇ページ、八五ページにも登場しています。

(3)　六五ページの注(14)を参照してください。また、ここで紹介されている「生徒主導の三者面談」についてさらに知りたい方は、『増補版「考える力」はこうしてつける』(ジェニ・ウィルソン／吉田新一郎訳、新評論、二〇一八年)の一六八〜一七〇ページをご覧ください。

ブライアン　このアイディアを、自分の生徒にどのように役立てようと思ったのですか？

ワイマン先生　私たちの小学校では、保護者への成績通知の場において、まったく同じやり方をするのは許可できないと言われました。本当はそうしたかったのですが……。

ブライアン　そうですね。

ワイマン先生　でも、学習発表の期間はもうすぐでした。生徒にとっては、両親に学校のことについて話すのが難しい場合もあります。そこで考えました。この期間が子どもの現在を保護者に示すためのものならば、子どもたちに学校ツアーをさせてみるのはどうか、と考えたのです。私は手紙を保護者に送り、「発表期間中にいらっしゃったならば、子どもが教室のツアーをしてくれますよ」と伝えました。

ブライアン　それで、どうしたのですか？

ワイマン先生　このツアーのために、とてもしっかりとした計画を立てました。多くの保護者がこれに応じたので、一度に参加できる保護者を四、五組に限定しました。これがうまくいきました。放課後や夜もツアーをやらなくてはいけないほどでした。

ブライアン　ツアーではどんなことがありましたか？

ワイマン先生　子どもが本を読んだり、物語を聞かせたりしました。また、描いた絵を見せたり、九月から四月までに書いた作文を見せたりしました。ほかには、算数やコンピューターの授業を親にしてみせたり、活動のなかから好きなものを選んで見せたりしました。最後は、みんなでジュースを飲んだり、クッキーを食べたりしました。

ブライアン　子どもたちは、すべて同じプランでやりましたか？　たとえば、最初に本を読んで、それから絵を見せる、といった感じですか？

ワイマン先生　いい質問ですね。授業中、私は子どもたちがツアープランを立てるのを手伝いました。それに、かなりの時間を使いました。だいたい一度に二、三人の子どもを順番に選び、いっしょにプランをつくりました。子どもたちのために計画を紙に書きだし、見やすくなるように文字に絵をつけました。私としては、予定したとおりのツアー計画でやらせたいと思っていましたが、彼らは自分がしたいように決めていくので、ツアー計画が変わっていくことがよくありました。次にまた「同じ計画をやれ」と言われたら、おそらく私は、子どもにどうしたいかと尋ねてから、いくつかのやり方を示しながら、できるだけ自由にやらせるでしょう。

ブライアン　ツアーのあと、子どもや保護者からどんなコメントがありましたか？

ワイマン先生　子どもたちのツアーを心から楽しんでいましたが、事後のコメントはあまりありませんでした。私が得た子どもたちからのフィードバックは、ほとんどツアーの進行中に得られたものです。子どもたちから、とてつもないパワーを感じました。冷静で堂々たる姿勢を示し、素晴らしい自己肯定感を生みだしていました。もちろん、例外もありましたが、みんながこの活動を真面目に考え、保護者に対して普段の学びを紹介するという、素晴らしい仕事をやってのけました。この活動を通知表に書き留めることがとても楽しかったです！

ブライアン　おっしゃるとおり、子どもに活動の裁量があるのはとても大切なことだと思います。保護者は子どもが学習に夢中になっている様子を実際に見たので、通知表に書かれた内容と関連づけることができたでしょう。

ワイマン先生　保護者は、実に多くの質問をしました。実際の、こうした情報を欲しがっていたのでしょう。保護者は子どもに誇りを感じ、夢中になって子どもとやり取りをしていました。

ブライアン　ツアーの終了後、子どもたちと話をしましたか？　次に向けて改善すべきか、それともそのままでいいか、といったことについてです。

ワイマン先生　いいえ、とくにフォローアップはしていません。次は、それが課題になりそうです。終了後に、もっと多くの話し合いを子どもたちとしようと思います。

ブライアン　低学年の子どもたちがそんなことをしたとは、保護者も驚いたことでしょうね。このアイディアは、ほかの教育活動を補う形で子どもの評価に加えたほうがいいと思います。

ワイマン先生　保護者が帰って、まだ記憶が新鮮なうちにメモをとっておきました。

ブライアン　評価材料ですね。こういうことこそが評価の重要事項である、と私は思います。

ワイマン先生　そうですね。保護者の一人から感謝の手紙をいただきました。「これまで教室に入ると、くつろいでいて、可能性に満ちた雰囲気を感じていました。エヴァンは私をツアーに連れていって、そのことを証明してみせました。エヴァンは、あらゆることに喜んで挑戦し、自分が学んでいることを誇らしげに見せてくれました」

この母親は、一年を振り返ったとき、「親としてこのことがもっとも印象深く、親子で共有できる貴重な機会だった」とも言っていました。

読み聞かせ／音読の意義

どうして読み聞かせ／音読をするのか

文章をよく理解し、練習をしたあとで行う「読み聞かせ」は、コミュニケーションの優れた方法です。生徒が読んだことを共有し、新しい文体や声の調子、話し方を試す機会ともなります。おとなしい子どもでも、自ら声に出すことで文中の会話をよく「聴く」ことになるでしょう。小グループでいっしょに音読する、年長の生徒が年少の子どもに読み聞かせをする、といったやり方もあります。

文章の解釈を声に出すと、理解のスキル[4]が向上し、読み手の気づきを促し、本文の内容はもとより、「本を読んでいる自分自身」について理解を深めることにつながります。そして、文章の行間にある「声」を発見し、共有する機会にもなるでしょう。

生徒には、読み聞かせをさせる前に文章を探究する機会を提供しましょう。まず文章に疑問をもってそれについて考えること、ほかの人の感じ方や疑問に気づくこと、自分自身の価値観に疑問をもつことや知識の広がりを感じること、そして文章からあふれてくる「声」を聞きとることです。

こうしたことがなければ、読み聞かせ／音読をしたところで意味がありません。読み手は耳と目を同時に使って学ぶことで、もっともよく聞きとり、理解するのです。

教師経験のなかで、私自身も生徒と読み聞かせ／音読をしてきました。私が読み、生徒が読み、いっしょに読み、お互いに響かせあいます。文章のなかで対話をし、口ずさみ、歌い、演じ、共有し、言葉に喜びを感じるようにします。また、繰り返し、ささやき、叫び、体を動かしながら読んだり、読めない／読まない人に向けても読みます。さらに、生徒の手元にないものや、目にすることができないものも読んで聞かせます。仮に読むものがなくても、自分の記憶をもとに読み聞かせを行っています（これは、ストーリーテリング！）。

では、なぜ声に出して読むのでしょうか？　そして、何を声に出したらよいのでしょうか？

表　声に出す理由

声に出して読む理由	声に出したらよいもの
・目にした情報を伝えるため。 ・自分の言いたいことを強調するため。 ・仲間とのやり取りを大切にするため。 ・言葉の響きを聞くため。 ・書き記したアイディアをほかの人に示すため。 ・話の方向や焦点を変えるため。 ・内なる声をより深く見つけるため。 ・文章や言葉に対して自分自身の声で敬意を示すため。	・自分たちが書いた話 ・私たちが好きで、心が惹かれるようなほかの人の話 ・心に響く、あるいはまごつかせる言葉 ・昔話 ・今日あるいは未来の話 ・人々が発する会話の書き起こし ・声に出して読まれた詩 ・友だちからの手紙 ・行ったことのない場所についての話 ・犬や馬のお話 ・お母さん、おじいちゃん、変わり者、あるいは生徒のストーリー ・学校や街、田舎の話 ・希望や死についての話 ・不思議や空想の話 ・あとを引く興奮をもたらすようなストーリーや記述 ・CD のカバーや歌詞 ・本の裏側に書かれている宣伝文句、タイトル、書評、推薦の言葉

声に出して読めば、教室が私たちの祖先、友だち、作家、詩人、脚本家、原住民、研究者、ジャーナリスト、広告ライターの言葉で満たされます。それこそが目的なのです。

文章を解釈する

文章を声に出して読むとき、生徒は他者の書いた言葉に目を通し、それを自分の経験から得た言葉と照らしあわせます。そして、記憶や知恵、知覚を働かせ、著者が提示した内容に正対しながら自分なりの理解を完成させます。さらには、まるで今その文章が生みだされているかのように、内容を思い浮かべながら人に聞かせるのです。

文意だけにとらわれず、生徒は内容や文体を楽しみ、自身の生活経験と記述を結びつけるようにしなくてはなりません。文章が日常の一部となり、すべての学習において文意や反応を探究すれば、読むプロセスを会得することができるでしょう。

セリフに込められた意味は行間を読むことで理解できるでしょうが、本来は、セリフ以外の文章の背後から読みとるものです。生活するうえで私たちは、人の行動や言葉から明確なメッセージを読みとりますが、その背後には、表面上の意味を陰で支えたり、複雑なものにしたりする動機や衝動が潜んでいます。

子ども向けに書かれた小説や詩、絵本は、声に出して読むことを前提にしていますので、生徒同士の対話をもたらす素晴らしい題材だと言えます。生徒は、ペアになったり、小グループで活動し、まず黙読をしてから、そのあとでセリフをいっしょに読みあいます。教師は生徒の役割を変えることができますし、新しい状況や緊張感をもたらすこともできます。これらは二時間続きの授業にもできますし、ごく短い時間で行うこともできます。新しい意味が見つけられるような、多様な読む授業を行いましょう。

言葉を自分のものに

研究の一環として、ある学校の七、八年生のクラスでは男女別に英語（国語）の授業が行われていました。男子の活動において、教師はさまざまな形態の作文を書かせていました。とくに「詩」や「脚本」です。

その先生は、思春期の男子に対して、自身の考えや感情をつかませること、また自分の内なる声を素直に表現させるには「詩」の形式が効果的であると感じていました。たとえば、感情の揺

(4)　ここでいう「理解のスキル」には、①自分自身やほかの本や世界と関連づける、②質問する、③イメージする、④推測する、⑤何が大切かを見極める、⑥解釈する、⑦自分の理解を読み進めながら修正するなどが含まれています。これらについて詳しくは、『増補版「読む力」はこうしてつける』（前掲、新評論）と『理解するってどういうこと？』（エリン・キーン／山元隆春ほか訳、新曜社、二〇一四年）を参照してください。

れ、大人社会への眼差し、強い感情の発見など、教師がモデルとして生徒と共有した詩のなかにはそのすべてが含まれていました。

「脚本」のユニットでは、二本の脚本を生徒が完成させました。一本は個人的な体験に基づくもので、もう一本は風刺コメディーです。春には、男子と女子がいっしょになり、クラスのメンバーとともに演者として脚本を読みました。作成されたもののなかから六つの劇を選び、リハーサルを行ったあと、保護者参観での公開となりました。

年度の終わりに生徒たちは、「男女に分かれたことでうまくできた」ということのほか、「卒業時に配布されるクラス詩集にも安心して作品を書けた」と述べていました。すべての生徒が、詩の作者として詩集に登場しています。

男子も女子も、記述された言葉を生きたものに換え、言葉の関連から文脈の背後にあるアイディアを生きた声に変換していました。セリフを声に出して読ませる活動の前に、まずは文章を掘り下げる時間・機会をもつことが大切です。自分なりの理解を構築するためには、文中にあるアイディアと自身の人生とを**すりあわせる**必要があるのです。書くことと声に出すことを通して、自分自身の内なる声を発見して共有すること、すなわち言葉を「自分のものにすること」のはじまりとなる授業でした。

読み聞かせ／音読活動——一五の方法

生徒が声に出して読む活動を進める方法を示します。

❶歌や韻文、詩を音読してみましょう。

❷歌や韻律のある物語を、みんなでアレンジして読んでみましょう。たとえば、童謡では「舌を鳴らす」という表現があります。生徒は、こうした古い童謡から楽しさを見つけたり、面白い解釈をしたりするものです。はやしたてる、手拍子をつける、ニュースキャスター風に読む、寸劇をするなど、さまざまな表現が可能です。

❸教師が電子黒板、プロジェクター、あるいは配付プリントで取り上げた文章から、生徒がお気に入りとしたものを読んでみましょう。

❹自分たちの作文を読みやすいように推敲したあとで、小グループで音読をしてみましょう。

❺上級生の頼れる「相棒」と活動してみましょう。お互いに読みあうことでストーリーを深く読み込むことができ、実生活にもいかされます。

❻グループを組み、物語のセリフ部分を分担し、何も見ないでしゃべってみましょう。ナレーターは、聞き手が理解できるようにナレーションを入れます。そうすることで、その物語を読ん

でいない人とも共通の理解が得られるでしょう。

❼ストーリーについて話し合うなかで、ほかの人が発した言葉への反応を話すことがあります。そこで、話したアイディアや視点をもとに、改めて声に出して文、フレーズ、単語を読ませてみましょう。

❽評価の場面で、教師と一対一で音読をしてみましょう。いきなり本番のようになりますが、ほかのクラスメイトに聞かれるという照れくささがありません。周りで聞いている生徒がその場にいるというだけで状況が変わり、結果をゆがめることにもなります。

❾ドラマ活動のなかで生みだされた言葉を声に出してみましょう。あるいは、ドラマ活動の一部の抜き書き、手紙、文書や物語の言葉でもいいでしょう。ドラマ活動は、音声言語によって解釈を強めるものです。教師と生徒に信念や信頼があれば、読字障がいといった困難な状況も克服することができます。

❿調査活動で得られた発見を、関心のある生徒に読んで聞かせるようにしてみましょう。ほかのグループもさまざまなテーマや話題について探究しているので、お互いに聞きあい、新たな知識を得たいと思っていることでしょう。スクリーンや大判の紙を使って、発見したことを相互に発表すれば、情報を共有することができるでしょう。

⓫小グループでセリフを読んでみましょう。最初は黙読し、次にテーマを探究し、そしてセリフ

の裏側に潜む声を発見させます。解釈を進めるために、グループの会話を録音するのもいいでしょう。たぶん、ほかの人も聴きたいと思うことでしょう。

⓬ほかの人の言葉による詩やフレーズをもとにドラマ化してみましょう。ただし、即興で行い、上っ面なものではなく、動作や信念も表現することが重要です。わずかな書き起こしですが、ペア、小グループ、そしてクラス全体での探究につながります。状況は書き足してもいいですし、登場人物を替えてもいいですし、音楽を挿入するというのもいいでしょう。きっと、生徒の心に残ることでしょう。これは、音声を用いた究極の活動と言えます。

⓭物語のなかからある文章・部分をとりだして、つぶやく、歌う、叫ぶなどと表現を変えてみましょう。テーマやユニットの最後に、興味深い、大切なことを声に出して読みましょう。心の琴線（きんせん）に触れるような詩、つながりを生みだすような一節、世界の真実を表すような小説の引用、そしてジャーナルや作文フォルダーのなかでの個人の感想など、クラスにとって特別となる魅力を感じるはずです。集団生活の多くの場面において、声に出して共有やまとめを行うことは必要不可欠な営みです(5)。このような活動を授業に組み込みましょう。

⓮リーダーズ・シアターを行って、生徒のナレーション（地の文）を脚色しましょう。あらかじ

---

(5)　二一七ページを参照してください。

め準備された台本を音読する代わりに、小説、短編、絵本、詩などから選書したものを用います。一人がナレーションとなる文章を読み、ほかの人はセリフを読むといったこともできますし、誰がどの文章を読むべきかについて話し合うこともできます。たとえば、セリフを読んだ人はその人物について書かれた説明・描写などもいっしょに読みます。何人かの生徒が声を揃えてナレーションをするというのもいいでしょう。

⓯ストーリー・シアター(6)では、あらかじめ準備されたセリフ以外の素材を脚色しましょう。セリフとナレーション部分を解釈し、表現させることに加えて、参加者はストーリーのなかの行動や動きのすべてを表現するようにします。口承文芸における神話や寓話、伝承、おとぎ話のような単純な語りは、ストーリー・シアターにぴったりと言えます。

読み聞かせ／音読活動の振り返り

どのようにすれば生徒にとって「話すこと」と「声に出して読むこと」を関連づけることができるのでしょうか？　自身で、あるいはほかの人が書いた言葉を解釈することの重要性に気づき、まるでその場で声が生まれたかのように組み立てて読むことはできるでしょうか？　ここで紹介するもので、生徒が声を出して読む活動としてあなたが授業に使えそうなものはどれでしょうか？　また、すぐにも導入できそうなものはどれですか？

・**自分たちが書いたストーリーを読むこと**――生徒が作文を書くプロセスのなかで、時にグループで、あるいはきちんとした発表（たとえば、詩の朗読発表や保護者参観の際、自分の人生にかかわるストーリーを共有するなど）の場面で行います。

・**小グループで絵本の読み聞かせを練習すること**――絵本のなかの言葉を活用することは、生徒に文章と絵の両面について解釈を促すものとなりますので、共有のための新しいメディアを生みだすことになります。絵についても、プロジェクターなどを用いてスクリーン上で共有したほうがいいでしょう。

・**詩の朗読に取り組むこと**――「Poetry slam（詩のパフォーマンスバトル）[7]」は有名なイベントですので、そのなかからクラスメイトに直接話しかけるような詩を選択したり、創作する場合のヒントになります。また、ダイナミックで力強い方法を提示するものでもあります。

(6)　リーダーズ・シアターが朗読劇であるのに対して、ストーリー・シアターではシンプルな舞台道具、音響なども用いますので、一般的な演劇に近い形での即興演技となります。

(7)　一九八四年にアメリカのシカゴではじまった詩の競技大会です。日本でも、「Poetry Slam Japan」が二〇一五年から大会を開催しています。

・**ペアで小説を声に出して読みあうこと**——ペアで読み、文章を解釈し、声に出して読み進めていきます。そうすることで、語りと登場人物が活き活きとしたものになり、行間にある意味を発見させることになります。

・**年上または年下の「相棒」といっしょに読むこと**——異年齢交流の経験は双方にとって非常に有益です。年長者は準備をし、モデルとなり、支える役になります。いっしょに読んでいる間、または事後の話し合いのなかで、「相棒」の知識や技能によって年少者の読む力は向上していきます。

・**特別な情報や印象深い内容を音読すること**——ブッククラブで文章の要点や意見を筋道立てて説明すれば、音声で文章を解釈する機会となります。また、小グループでお気に入りの一節を共有することもできるでしょう。

・**学校や地域の情報を報告すること**——あらゆる機会を捉えて、生徒に声を出して読むチャンスを与えましょう。ただし、文章をあらかじめ読ませ、引っかかるところがないようにしましょう。

・**ドラマ活動で役になりきって読むこと**——役になりきって声を発することは、今までとは別の声色、立ち位置、性別、年齢や人生の背景に生徒を挑戦させることになります。

・**クラスでのディベートに向けて準備した材料を読むこと**——本物の材料を声にして発する理由

を生徒に与えれば、本質的な意見や考えを見いだすことができます。

・**小説のナレーションやセリフをグループで読むこと**――リーダーズ・シアターでは、メンバーが共通理解と文章読解に一生懸命取り組みます。そして、その文章を読んでいない聞き手が、読み手の声を通してその文章に出合えるように共有します。

・**興味・関心のあるテーマについての計画、準備、インタビュー録音をすること**――こうした実践は、スカイプや対面で生徒を双方向的なやり取りに巻き込み、インタビューの仕方やゲストとの話し方を身につける際のモデルとなります。

・**調査から得られた情報をグループやクラス、教室への訪問者にプレゼンテーションすること**――パワーポイントなどを使うことが多くなるでしょう。

どの活動でも、振り返りでは生徒の活動が認められ、発見と理解に新たな側面を加えてくれることでしょう。

第8章

「声」が生みだす新たな世界
——あなたの生徒は創作活動に夢中ですか？

次の記述は、たびたび本書に登場しているブライアン・クロフォード先生とサラ（五年生）とのカンファランスの様子です。サラが書いた双子についてのストーリーについて二人が話し合っています。

先生　物語のはじめに、二人の登場人物、ジョンとクリスが話すところがとてもいいですね。リアルです。あえて「〜と言った」という言葉を使っていませんね？　彼らが椅子に「落ちた」という表現がとくに面白いです。彼らが沈んでいく様子が目に浮かびました。あなたのストーリーを読んでいると、ほかの双子の話や入れ替わりの話、たとえば『王子と乞食』（マーク・トウェイン／村岡花子訳、岩波文庫、一九三四年など）や『身がわり王子と大どろぼう』

（シド・フライシュマン作、ピーター・シス絵、谷口由美子訳、童話館出版、二〇一一年）などが浮かんできます。また、双子がいたらいいのに、という思いにもなります。いくつか悪いことも書いていますが、どうやって思いついたのですか。

生徒 今週、双子についての映画『ファミリー・ゲーム　双子の天使』[1]を観たのですが、このディズニー映画では二人の女の子が入れ替わります。そうそう、最近、学校のホールで初めて見る双子が二組いました。

先生 さっき言ったように、あなたのお話はとてもリアルです。オリジナルキャラの「スーパー・ピッグ」をストーリーに盛り込んだところもとても面白い。これが初めての原稿なのですか？

生徒 いいえ、以前に書いたものを書き直しました。

先生 第一稿から第二稿に移るにあたって、どうしましたか？

生徒 原稿を読み直すと、いくつか意味が通らないところがありました。「クリスがパジャマを着て、ジョンがパジャマを着た」では誰も意味が分からないでしょうから、「彼らは入れ替わった」と文

日本で公開されたときのチラシ

章を換えました。

先生　第一稿を書き終えたあと、読ませたい人は見つかりましたか？

生徒　お母さんに読ませようと思ったけど、家にいなかったので、お兄さんに読ませました。でも、「いいね」という以外にたいしたコメントはもらえませんでした。

先生　それで、どうしたの？

生徒　自分で読み直し、自分の作品の読者となりました。

先生　どうして？

生徒　みんなに発表したかったからです。自分の文章をいくつか換えて、双子に起こった別の冒険の話を加えてもいいかな、と思いました。

先生　手助けは必要ですか？

生徒　彼らが会話する部分で悩んでいます。かぎかっこ（「　」）を正しい位置に付けたかどうか……？

先生　もう一度声に出して読んでくれたら、アドバイスしますよ……。

（1）エーリッヒ・ケストナーの児童文学『ふたりのロッテ』（一九四九年）を原作とした映画で、一九九八年にアメリカで公開されました（日本での公開は一九九九年）。ナンシー・マイヤーズ監督。

創作活動の構成

書いたものについて話し合う

ブライアン・クロフォード先生の三～五年生のクラス(2)では、作文を書きあげる段階と出版（発表）された段階で、生徒同士が共有します。教師と生徒、あるいは生徒同士のカンファランスを行うことによって、選択と挑戦、そして生徒の「声」を大切にする環境ができ、生徒はさまざまな形式を試すようになります。

クロフォード先生は、まず生徒一人ひとりに、自分の興味のなかから四つのテーマをカードにリストアップさせました。これが選択を重視する環境のはじまりです。先生自身も四つのアイディアをモデルとして書きだし、それを選んだ理由を「考え聞かせ」しました。先生であっても、三つ目、四つ目のテーマを出すのに四苦八苦したことを示しました。

まずは、知っていることやこれまでの経験について話し合いました。生徒は友だちのアイディアを借りることもできます。たとえば、ある男の子が自転車に乗る練習をしていることを話すと、ある女の子に靴紐を結ぶ練習といった記憶を呼び起こしたという具合です。

四つのテーマを選んだら、今度はそれについての「ストーリー」をお互いに話し合います。ものの数分で、教室には夢中で考えを書きだしている鉛筆の音しか聞こえなくなりました。先生自身も一〇分ほど書いて、それから立ちあがって生徒のところを回っていきます。「どんな感じ?」と尋ねたり、「何を書いているの?」と尋ねて話をさせたりします。こうした生徒との短いやり取りは、一五秒～二分くらい行われます。

クロフォード先生は、日々のカンファランスのなかで書き手とつながっています。生徒は自身の反応に気づき、進むべき方向を定めていきます。最初は、生徒の作品に目を通すことはしません。その代わりに、書いたことを聞かせてもらいます。

こうすることで先生は聞き手・受け手の役割となり、「心の赤ペン」で生徒の書いたものにチ

（2）　欧米では、このような異年齢・多年齢のクラスがますます増えています。教師と生徒にとってメリットが多いからです。その根拠を知りたい方は、『遊びが学びに欠かせないわけ』（ピーター・グレイ／吉田新一郎訳、築地書館、二〇一八年）をご覧ください。本書を読んだ翻訳協力者からコメントが届きましたので紹介しておきます。「ピア・カンファランスは、このほうが有効だと思いました。国語はとくに有効ではないでしょうか。なぜなら、教科書の配列を見ても扱う分野が中学校三年間ほぼ同じだからです（詩歌、物語、論説、古典など）。ならば、他学年と同じ空間でワークショップの授業を組むことは、生徒を刺激し、向上心をもたせることになるでしょう。お互いに読者となり、お互いの成長に貢献することができます。素敵です。毎時間でなくてもやってみたいです。授業コマを重ねるだけなので、やれそう……」

ェックを入れるという教師役になることを避けているのです。

翌日は、また違ったカンファランスをします。年度当初は、週に一度、教師が決めたグループで書いたものを共有します。しかし、全員が毎回作品を持ち寄る必要はありません。作文について話した人は、聞いている人にどんなフィードバックが欲しいかと伝えます。先生は聞く側に対して少なくとも三つの前向きなコメントを行い、それから書き手の課題が明確になり、原稿を改善するために質問をするように伝えました。[3]

こうしたグループ活動は一学期で終了です。二学期からは生徒二、三人のグループによる相互カンファランスへと移行します。生徒たちは、一学期に学んだ進め方を活用します。

生徒のニーズに応じて、教師はより長い個人カンファランスを行います。たとえば、グレッグは、紙飛行機の実験をカンファランスの場にもちだし、この新しい知識をどのように発表したいかということを話しました。一方、デリックは、『オペラ座の怪人』[4]を観て、自分のストーリーの土台としてそれを使い、新たな登場人物をつくりました。何ページか書いたあと、話をどのように進めればいいか分からなくなったので、カンファランスを求めました。[5]

校正を目的としたカンファランスは、出版（公表）予定のものにかぎって行われました。教師と生徒がいっしょになって作文を磨きあげていきます。手助けを必要としている生徒には、スペルや句読点、文法の注意事項を書いてあげることもあります。

クラス全体での共有の場でも、生徒は作文のフィードバックを得ることができます。この時間に、プロの作家の文章を取り上げて話し合いを行うこともありました。生徒は読むことと書くことを結びつけるようになり、自分たちを読み手・書き手の一員であると感じるようになっていきます。

書いたものから自分の内なる声を見つける

「何を書いたらいいのだろう?」——いつの時代でも生徒が抱くこのような疑問について考えてみましょう。

私たち教師は、まず生徒が関心を寄せていることや、個人として気になるテーマについてのリストをつくること、そして内なる声が表出するような手助けからはじめる必要があります。

---

(3) これは、https://projectbetterschool.blogspot.com/2012/08/blog-post_19.html で紹介されている「大切な友だち」と同じです。ぜひ参考にしてください。

(4) 二〇〇四年にアメリカで製作されたミュージカル映画です。原作はガストン・ルルーです。

(5) 翻訳協力者の一人から次のコメントがありました。「生徒の目的に応じてカンファランスのもち方も変わってくるわけですね。教師による押しつけではなく、ここでも生徒に選択の自由があるのがいいです」

私はこれまでずっと、自分の仕事は作文の題材を与えることだと思い込んでいました。[6] しかし今は、生徒の生活における大切な関心事が何であるか、やり取りを通して見いだすことが自分の役割だと思っています。

自立した書き手として文章を書くことが求められるプロジェクトでは、生徒は関心のある事柄を選ぶ必要に迫られます。長い時間にわたって何度も書き直し、修正を重ね、そして、おそらく出版（公表）するために生徒は活動していますので、「何について書くか」がもっとも重要になるのです。

テーマを一つに絞り込むときには、さらに探究する必要が出てきます。問題を精査し、ジャンルや形式、方法や読み手を設定し、これまでの読書経験や人生経験からモデルを引きだします。[7] 生徒は「メンター・テキスト」を用います。メンター・テキストとは、多種多様なジャンルや形式で手本となり、モチベーションやアイディア、形式や方法などに刺激をもたらす文章や本のことです。また、文章を書きだす前に、どのアイディアをテーマとして発展させるかといったことを決めるのも大切です。

こうして教室は、みんなが教え・学び合う、ダイナミックなライティング・ワークショップ[8]の場になります。グループの仲間同士で下書きを直します。誰かが作文を読みあげれば、それに耳を傾けます。教師は生徒たちとカンファランスをし、効果的に質問したり、編集者の目線で手助けします。

作文の時間は週に一回、というのは過去のものです。作文は、教室における生活の一部になるのです。年間を通してこうしたサイクルを回し続けることで、生徒は実際に存在する読者に対して伝えたいことがある、本物の書き手である、ということを自覚するのです。

---

(6)「はっとさせられます。教師から題材を与えるのではなく、どんなことを書きたいか、何について書きたいかを気づかせる手立てが必要なのですね」という翻訳協力者のコメントがありました。これと同じことが、読む力をつけるときにも言えます。生徒一人ひとりが自分にあった本／自分が必要としている本を見つけだせるようにしてあげることが何よりも大切なのであって、国語の時間において、良書の一部を使って読解の方法を教えることではないのです。

(7) 学校で作文といえば、「生活文」(「遠足の思い出」、「おばあちゃんの家に行って」といった、自分の生活のなかの出来事を振り返るもの)が多かったように思います。そこでは、読み手を意識して、書き手ならどうするか、ということを考えることがありません。生涯にわたって、時と場合に応じてさまざまな情報を活用できる書き手になるためには、ここで示しているような方法を活用する必要があります。

(8) ライティング・ワークショップについては、『ライティング・ワークショップ　「書く」ことが好きになる教え方・学び方』(ラルフ・フレッチャー&ジョアン・ポータルビ／小坂敦子ほか訳、新評論、二〇〇七年)と、日本での実践版である『作家の時間　「書く」ことが好きになる教え方・学び方【実践編】』(プロジェクト・ワークショップ編、新評論、二〇〇八年)を参照してください。そのほか、『イン・ザ・ミドル』(前掲、三省堂)もおすすめです。

何度も書き直す

『作家のノート』〔参考文献34〕のなかでラルフ・フレッチャーは、私たちは「自分の考え、感情、感覚、見解」を記録する場を求めており、「そうしないと、呼吸する空気のようにどこかに行ってしまう」と言っています。生徒たちは探究し、実験し、内省し、何が大切かを発見することを求めています。ちょうど、ナンシー・アトウェルが『イン・ザ・ミドル』〔参考文献4〕のなかで、生徒が「自分の考えや感情を名づけ、説明できる」と言っているのと同じです。『作家ノート』のなかで生徒は、こだわりのあるテーマを取り上げ、面白い方法で書きます。個人的な関心を明確に示し、社会的な問題を探究していきます。

私自身、成長期にこうした作家ノートを持っていたらよかったと思っています。

多くの人が、書き直しを通して書くスキルを学んでいきます。修正し、編集するにつれて、生徒は文章を組み立て、適切な形式を選び、効果的な言葉を使い、情報を並べ替え、不要なものを見分けて削除し、標準的な綴りに気づき、正しく句読点を用い、印刷でも手書きでも読みやすさを求め、メッセージを読み手に伝える手立てを身につけていきます。書くサイクルを協力しあって回し続けることによって、スペルや文法、語の用法といった課題について解決ができるようになる生徒も出てくるでしょう。

書くこととは、頭に思い浮かぶものではなく、むしろ自分がつくりだすものであると認識させましょう。書く段階のどこにおいても教師は手助けすることができますが、大切なことは、書き手である生徒がオウナーシップをもって最終決定をする、ということです。ゆえに、文章を完成させるためには何日もかかることがよくあるでしょう。(9)

書きはじめたものは必ずしも完成させなくてもよい、ということを心に留めておきましょう。書き手が興味を失ったり、内容が行き詰まったりしたら、やめてしまってもいいのです。やめるものがある一方で、たくさんの書き直しをすることで、書き手がぜひ共有したいと満足するような文章ができあがるのです。

生徒は書きあげたものを読み手と共有する機会を求めます。公表したり、展示したり、一部を読み聞かせしたりすることで、書くプロセスすべてにわたる成果を理解することでしょう。原稿ファイルにある日付をつけた試作品は、教師と生徒にとっては進み具合を「見える化」しますし、適切な指導（カンファランス）をする際のヒントにもなります。

（9）日本の作文教育で、一週間以上を要するようなことがどれだけあるでしょうか？『作家の時間』（前掲、新評論）では、五月にクラスメイトの刺激的な作品にアイディアをもらい、その後、夏から秋にいろいろな下書きをして、一時期は寝かせておいたものを学年の最後に開催される大発表会で、「自分のベスト」のものとして作品化された事例が紹介されています。年度当初の作文と学年末の作品を、ぜひ比べて読んでみてください。

書く活動のなかで、生徒に新たな動きがないか着目しましょう。
・いつ、どのくらいの頻度で生徒は行き詰まるでしょうか？
・書きはじめるのに困っているのは誰でしょうか？
・どの生徒が作品を仕上げることができないのでしょうか？
・どの生徒が一つのテーマにかかりきりになっているのでしょうか？

着目していれば、どの生徒がカンファランスを必要としていて、どの段階で生徒がもっとも助けを必要としているかに気づくはずです。

作品を書き直しているとき、生徒は自分の作品をさらに掘り下げ、自分にとっての意味づけをすることができます。自分の文章のなかで起きていることを完全に理解しようと努力するにつれて、彼らの作品はより緻密になり、言葉はより練られたものになります。書き直しこそが内なる声を明らかにするものなのです。

書きためる

原稿ファイルのなかに収めた、自分一人、あるいは友だちと書き進めているたくさんの作品が、書くことに関する成長（あるいは停滞も）の証拠を提供してくれます。すべての教科領域で書かれたものを一つのフォルダーに入れることをおすすめします。日付の入った試作品を教師が調べれば生徒の進歩する様子が分かり、クラス全体または小グループに対して、ミニ・レッスンで教える必要があるスキルを絞ることができます。

年度当初の試作品を、年度終わりまで取っておくことも大切です。そうすることで、生徒も教師も成長が一目で分かります。コピーしたものなどを一定のスパンで家庭に示せば、保護者にとっても子どもの学び具合が分かる材料となるでしょう。そして、生徒一人ひとりにつき三〜五作品を特別の原稿ファイルに移し、次年度の教師に引き継ぐとよいでしょう。

試作品は信頼できる評価材料です。[10] 複数の作品を比較することによって、教師・保護者・生徒の三者において成長と進歩（さらには努力目標）を確認することができるでしょう。

役になりきって書く

作中の役になりきって書くことで、生徒は視点を変え、新たな世界、不慣れな状況や内容に移行することになります。つまり、多様な書く方法を探究することになるということです。フリ

(10)　テストの点数などよりもはるかに信頼できる材料と言えるでしょう！　試作品は思考や理解の度合いが明確になりますが、点数は短期の記憶力を評価しているだけ（？）かもしれません。

ー・ライティング、ジャーナルへの記録、インタビュー、ブレインストーミング、箇条書き、手紙、アナウンス原稿、宣言、依頼や請願、ドラマのなかの出来事についての報告、広告やパンフレットのデザイン、アンケートや重要書類の作成、物語から派生したストーリーを書くことなどが挙げられます。(11)

何にも増して、役になりきって書く活動では、みんなで書くこと、すなわちグループで協働作業をするという機会が数多く与えられます。たとえば、ドラマ活動のなかでデータを集めること、情報を構成すること、下書きを書くこと、書き直すこと、そして、編集などの作業が協働で行えるのです。

物語を創作する

生徒が、架空の設定を独自に考えはじめます。場面や設定を試行錯誤し、これまで見聞きしたストーリーのなかで、作家がどのように空想と現実とを組み合わせていたかを思い出しながら行います。最初に書く生徒のストーリーは、突飛なものか、身近に起こったことを編み直したものになるでしょう。物語を進めるにつれて、生徒はストーリー展開の仕方、話の順序立てや因果関係、脚色の仕方、キャラクターの立て方などを理解していきます。

次に紹介するストーリーは、一〇歳の女子生徒が自らの体験を総動員し、これまで読んできた昔話から構造や言葉、イメージを導きだしながらつくったものです。

ユクト・チャン

昔々、中国にユクト・チャンという人が住んでいました。彼はとても芸術的な人でしたが、自分でそのことに気づいていませんでした。

ある日、婚約者のマイ・リーが言いました。

「ユクト！　あなたは素晴らしいアーティストなのよ。お願いだから、何でもいいから絵を描いてみて。才能をいかすのよ！」

「僕はそんなじゃないよ」

それだけを言って、ユクトは行ってしまいました。マイ・リーは部屋で神に祈りました。

どうか、ユクトに自分が素晴らしいアーティストであることに気づかせてください！　信じさせてください！

（11）　一定時間、思いつくことを自由に書くことです。

その夜、ユクトは不思議な夢を見ました。彼は外にいて、凧を揚げていました。目を凝らして見上げました。とても美しい凧です。夕暮れの空に染まっています。ピンクであり、青であり、そして灰色でもあるさまざまな色です。そして、凧の下のほうにはものすごい火の玉があります。この凧をつくらなくちゃ！　とユクトは思いました。

目を覚ますと、ユクトはすぐに作業にかかりました。まず、ボロ切れに下書きをしました。青とピンクを混ぜました。これじゃだめだ、と彼は思いました。別のボロ切れを持ってきて、また作業をはじめました。

一日中、次から次へとボロ切れに書いて、試し続けました。どれもうまくいきませんでした。何日も、何週間も、何か月も、何年も経ちました。五〇年後も、彼はまだその作業をしていました。八〇歳になりました。マイ・リーは七〇歳です。彼は作業を続けました。

初めは灰色、青、オレンジだったものが、その後に赤、黄、緑になりました。ユクトが八五歳の誕生日を迎えたとき、彼はまた夢を見ました。今度ははっきりと目を開き、世界中のすべての色が混ざっている様子を目の当たりにしました。

その夜、九時に彼は亡くなりました。マイ・リーは落ち込み、誰にも会おうとしませんでした。何週間も泣いて暮らしました。

ある日、ユクトが描いたものをくまなく調べたところ、彼が描いた無数の下絵を彼女は目にしました。なんて美しいのでしょう！　マイ・リーにも芸術の才能があったのです。

彼女は、ユクトの作品を完成させようと決めました。懸命に働きました。寂しくなんかありません。ユクトの魂が毎日導いてくれるのですから。

とうとう、何年かのちに凧をつくり終えました（マイ・リーは九〇歳になり、とても元気です）。とてもカラフルで、ユクトが夢に見たものとほとんど同じでした。

マイ・リーはユクトの夢のなかの凧を見ることはできなかったのですが、彼女は凧を決して売ろうとはしませんでした。ある人が一〇〇万元で買いたいと言いましたが、凧はユクトとともに過ごした楽しい日々を思い出させる唯一のものでした。

マイ・リーは、常にユクトの部屋をきれいにしていました。ユクトの魂は、まだこの家にいるのです。

不思議なお話でした！　おしまい

リサ（一〇歳）

詩を創作する

詩というものは、言葉を伝える特別な方法です。多くの生徒が、詩は常に韻を踏み、リズムパターンに則るものだと信じ込んでいます。たいていの場合、子どもの遊び歌や詩が韻を踏んでいるからです。ですが、たくさんの詩の読み聞かせをすることで、さまざまな可能性が自分たちに開かれていることに納得するでしょう。

単語や行を並べ替えることで読み方や声を操作するということは、詩を読むという活動においては簡単なやり方の一つです。各行の最初の文字が単語やフレーズを形成するアクロスティック（折り句）の形や、一つの連が五行で構成される「シンカン」の形など、特別な形式によって韻律という人工的な制約から生徒は解放されます。表現するにおいて、自由律の詩が効果的であることに気づく生徒もいるでしょう。

古典の韻律に触れたり、言葉の情緒的な側面に気づいたりすると、詩が自分の「声」を表現する特別な方法であることを生徒は理解するでしょう。次の詩をじっくりと読んでください。カナダの鉄道を建設する中国人労働者のストーリーについて探究した生徒から、影響を受けた詩がたくさん送られてきました。一人の少女の声が、はっきりと聞こえてくることでしょう。

私の思い、言葉をすべて覚えていて。　Remember all my thoughts, my words
私は旅立ちます。鳥のように。　For I am gone now, like a bird.
私の体は土の中に。でも、　My body rests underground, but
私の魂は何かが聞こえてくるところへ。　My spirit ventures somewhere sound.

これまでのすべてのこと、すべての言葉が、
死の床で蘇ってきます。
ただ、今、私は言いたいのです。
「私が息絶えるところを見ていて」
私の瞳のなかに、あなたは見るでしょうか。
私とそっくりの何かを。
さあ、何も言わずに私は行きます。
私は旅立ちます。鳥のように。

Everything I did and said
Recalled upon my own deathbed.
Just for now I want to say,
"Look at me where I lay."
In my eyes do you see
Anything resembling me?
Now I leave you with no word
For I am gone now, like a bird.

不思議なことに、私たち大人がほとんどしないようなコミュニケーションの形が、子どもにとっては深い感情や感覚を声に出して表現する容易な方法となっています。詩作というものは、本当に意味のある反応をもたらす最適な方法だと思います[12]。

(12)　もう一人、詩を愛する（詩を教えることが好きな）教師の実践が紹介してある本があります。『イン・ザ・ミドル』（前掲、三省堂）を参照してください。この本の著者は、国語の毎時間を、五〜一〇分間の詩を使ったミニ・レッスンではじめています。

フィードバックはこんなふうに——シェリー・スタッグ・ピーターセン先生の実践［参考文献48］

生徒へのフィードバックを書き込むことに膨大な時間を要するという事実があるならば、それが作文の上達にどれほど寄与しているのかということについて考えなければなりません。口頭あるいは書き込み[13]によるフィードバックは、生徒が下書きをする段階で与えてこそパワフルなツールとなります。

生徒の下書きにコメントすれば、文章の明確さや強さについて適時ヒントを与えることができます。書いている最中にフィードバックがあれば、生徒はそれを活用して、書き直したり編集し直したりするでしょう。清書後に提出し、成績がついた作品にコメントをもらうよりもはるかに効果的です。また、生徒は提案されたことをすぐに書いて試すことができるので、フィードバックから学んだことを有意義に活用することもできます。

生徒個人の書くことのニーズに絞って継続的なフィードバックを行うこと、それは小グループ、またはクラス全体へのミニ・レッスンを補完し、一人ひとりをいかす指導形態の一つと言えます。

書くことに対する生徒のオウナーシップをサポートするために、フィードバックは以下のように行いましょう。

・読み手に効果を与えている部分に気づかせるというスタンスで行います。
・意味を明確にしたり、読み手をもっと夢中にさせたりするために、書きあげたものを修正する余地があることに気づかせます。
・やり直しや批判的なことよりも、提案や視点の提示、オープンエンドな質問の形をとるようにします。

生徒がいつでも自分なりにフィードバックをいかせる、と感じられるようにしたいものです。だから、フィードバックは模範を示すというよりは提案的であるべきです。私は、状況に応じてかける言葉のリストを持っています。

最初にする問い
・何に取り組んでいますか？
・何か手伝えることはありますか？

---

(13) 二人の翻訳協力者からコメントが届きました。「大変共感します。書き終えたものは子どもにとっては完成品なんですよね。下書きの段階でフィードバックをもらえれば、より良い文章に書き直すことができますね」、「身につまされる思いです。評価のためのフィードバックになっていないかを、教師が見直してほしい」

・このアイディアは面白いですね。もっと聞かせてくれませんか？
・このテーマについて、なぜ書きたいと思ったのですか？
・このテーマについて書いたことで、何か考えは変わりましたか？
・心の中で何が見えていますか？

ねらいとするところに注意を向けさせたり、明確にしたりするための問い

・もっとも大切なこととして、あなたが書こうとしているものは何ですか？
・ここには一つ以上のテーマがあると思いませんか？
・どの部分が気に入っていますか？
・そこの箇所はカットして、別の作品に使うというのはどうですか？
・もう一度ウェビング（蜘蛛の巣状にアイディアをつないでいく書き方）したアイディアを見直すか、もう一度文章を直してみるというのはどうでしょうか？
・もっと情報を見つける必要がありますか？
・詩のなかで、別な形で行をまとめてみるのはどうでしょうか？
・イラストが必要だと思いませんか？

作品を膨らませる問い

・この出来事はどこで起こったのですか？
・この出来事はどうして起こったのですか？
・この説明をもっと膨らませることはできますか？
・あなたの反応や感情を書き加えることはできますか？
・この部分はどうして重要なのですか？

書き手に読み手の視点を考えさせる問い

・読み手は、この登場人物に興味をもつと思いますか？
・読み手は、あなたの主張や気持ちを読みとれるでしょうか？
・書きだしを声に出して読んでみてください。読み手をうまく引き込むことができるでしょうか？
・読み手は、この部分を理解することができるでしょうか？
・どの部分が読み手の記憶に残るといいですか？
・作品を読み終えたとき、読み手にどんな気持ちが沸き起こることを期待していますか？
・この部分が私にはよく分かりません。もう少し明確にできませんか？　ほかの形を試そうとは思いませんでしたか？

・セリフの部分を声に出して聞かせてください。実際の人が話すように聞こえますか？　この部分に会話を付け足してみるというのはどうでしょうか？

探究活動の構成

ディジタル環境において、生徒が育み広げるべき「新しいリテラシー」[14]は、思考、探究、関連づけ、意味づけを含むものであり、さらに協働的であることも求められます。

広大な地球規模のネットワーク、ビッグデータ、大量のアーカイブス、豊かなアートの数々、何百万人ものユーザーとの交流など、可能性が広がっています。私たち教師の役割は、生徒たちが複雑で多様である「人生の航海図をつくり、自己決定して進む」ことができる航海者となれるように助けることです。

多くの教室において、「教師はエキスパートである」という概念は過去のものになっています。かつて生徒は、教師が言った要点を記憶し、再現するものだと思われていました。今では、「情報の時代」を生きる生徒が、アイディアを分類、選別、比較、整理し、新しい概念を構築する場所、柔軟で探究的な場所へと変化を遂げています。複雑となった世界では、シンプルな解答や基本的な問題パターン、暗記した解法だけでは十分とは言えません。生徒には、私たち大人と同じく、変化し、学び、さらに学び直す必要があるのです。

探究することが当たり前の教室では、すべてのリテラシーが発達します。ですから、生徒は予期せぬこと／未知のことを、予見していたこと／既知のことのように扱えるようになりますし、答えを「集める」よりも答えを「つくりだす」ことが求められます。読む・書く・話し合う機会がたくさんある教室では、生徒自身が問いを関連づけ、豊かな体系をつくりだしています。そして、調査活動を構成・構築することで新たな理解を深めることにつながります。

生徒自身の探究成果を発表する場面は、口頭のコミュニケーションと文字・視覚によるデモンストレーションのチャンスとなります。ＯＨＰやパワーポイントの力はすごいもので、生徒はどうしたら自分たちの発見を効果的に示すことができるかについて真剣に考えるようになります。若き研究者である生徒は、聴衆が自身の学びをメモし、さらなる問いを発することを促すような印刷物を配付しようとするでしょう。

スクリーンの画面や壁掛けの掲示板などの資料によって、調査結果が聞き手の生徒に提供されます。一方、聞き手は、質問、コメント、議論などによって共有された知識や理解をコミュニテ

---

(14)　七八ページの**コラム**を参照してください。

ィーの成果として蓄積します。安心かつ集中できる雰囲気のなかで、みんなが自分の考えや気持ちを表現することができるのです。「新しいリテラシー」を取り入れている教師が教室で構築するコミュニティー意識は、協働／協同を促すものとなります。

実践例①——さまざまなソフト・アプリの活用

「成功のためのラウル・イザギレ学校（ＲＹＳＳ）」[15]に通う八年生の代表グループが、「達成の三〇年」というイベントに参加しました。これは二〇一三年四月五日にヒューストンのダウンタウンで開催されたもので、「ヒューストン・ホームレス連合」で行われたイベントです。

彼らはホームレスの人たちに関するディジタルアートを展示しましたが、それはこの社会問題に警鐘を鳴らすといったものではなく、ホームレスの人たちの人間性を尊重するものでした。生徒は、ワードやパワーポイント（いずれもマイクロソフト社）、ＧＩＭＰ（「Photoshop」の代わりとなる無料の高機能画像編集・処理ソフト）を用いながら、この多面的な思考を要する作品の制作を進めました。

また、生徒はインターネットを活用してホームレスについての調査インタビューを行い、ワードを用いてこの社会問題の解決に向けたエッセイを作成しました。この活動は、ラザ評議会[16]による学習企画に応募したものです。以下では、一人の男子生徒が書いたエッセイを紹介します。

私たちは、多くの人に仕事がなく、住むところもないような世界で暮らしています。彼らは、寒かろうと暑かろうとストリートに生きるしかありません。多くの人が家族のサポートの欠如、あるいは虐待のためにホームレスになっています。このことは、アメリカにとって大きな問題です。というのは、こうした人たちが街角でお金をせがみ、お金を稼ぐために無理やり車のフロントガラスを拭いたり、お店の中にまで入ってお金を求めるからです。

この問題がさらに大きくなる前に手を差し伸べなくてはなりません。ホームレス問題は、人によっては大したことではないでしょうが、一家で子どもを連れて街角に立ち、お金や食べ物をせがんでいるのです。国としてもこの問題に対策をしているのでしょうが、政府の人が実際に現場へ行って、ホームレスの人を助けてはいません。

もっとも大きな問題は、ホームレスのための一時的な収容施設（シェルター）が足りないことです。私たちは、街なかで彼らを見るから不快に感じるのです。お店に行こうとしているとき、知らない人からお金をせがまれるということは誰も望まないでしょう。こうした人

---

(15)「Raul Yzaguirre School for Success」で検索するとＨＰが見られます。テキサス州で最初のチャータースクールで、Ｋ〜一二年生の生徒が一三三〇人います。

(16) 現在は「UnidosUS」に改名しており、アメリカ最大のラテン系非営利活動団体です。移民改革、文書化されていない移民の市民権への道、国外追放の減少など、進歩的な公共政策への変更を支持しています。

たちがアメリカに放置されている状態を見れば、住むところをなくしたり、十分なシェルターがないことはお分かりでしょう。

ホームレス問題は、ただ政府が何かするのを待っていても決して解決しません。その間にも、ホームレスの人たちは寒空の下に立ち、時には暴行されてしまうのです。

ダニエル・アコスタ（RYSSの八年生）

八年生がラザ評議会の学習活動に参加していたころ、七年生はマイクロソフト社の印刷ソフト「パブリッシャー」を使用して、ホームレスについての問題を啓発するパンフレットを作成していました。インターネットで調査活動を行い、パンフレット用の文章とイラストを編集しました。このプロジェクトの目的は、のちに生徒が学業や仕事の場で直面すると思われる社会問題に注目せざるを得ない状況に置くことと、パンフレットなどの成果物作成にあたって印刷ソフトなどのスキルを磨かせることでした。

実践例②――映像作品の制作

教師は日増しに、より幅広いリテラシーへの対応を求められるようになってきています。ディジタル・リテラシーという新しい形態や、生徒が日々接しているマルチメディア（ブログ、ウィ

COLUMN ▶▶▶ 21世紀のリテラシーの試み

　学校以外の生活場面で、生徒は日常的にさまざまなインターネットやディジタル機器に触れています。こうしたメディアを通したコミュニケーションの技術（テキスト・メッセージやYouTube動画など）は、従来の印刷物とはかけ離れており、新しい形の交流、会話を伴うものとなっています。知識を生みだしたり、意味をやり取りしたりするにあたって、これまでの直線的な流れを度外視するような形が入り込んでいます。

　オンライン・メディアは、その性質上、文字として定着した言葉や文章に添えられて、ハイパーリンク、アニメーションのあるテキスト、画像、効果音などが伴っています。若い人はこうした新しいメディアに夢中になり、ヘンリー・ジェンキンス[*]が「参加型の文化」と表現したものに深く親しんでいます。双方向のやり取りを通して、彼らは絶えず社会をつくり直し、他者と協働的、双方向的な方法で新たな知識をつくりだしているのです。

（＊）ジェンキンス氏については、QRコードを参照してください。

キペディア、その他SNSサイトなど）も含まれます。では、昔ながらの読み・書きや聞く・話すリテラシーを重視しているオンタリオ州のようなところでは、どのようにすればディジタル・リテラシーをカリキュラムに組み込むことができるのでしょうか？

　この問いに対しては、生徒による映像作品制作がその可能性を示すものとなるでしょう。読み・書きや聞く・話すこととディジタル・リテラシーを組み合わせて、カリキュラム上に魅力あるユニットをつくることが可能となります。

［参考文献39］

映像作品制作の六つの段階

映像作品制作プロジェクトには、少なくとも六つの段階があります。小さいプロジェクトなら早く進むでしょうが、大きいものであれば何週間、何か月も続くことになるでしょう。

①準備と探究の段階――制作の段取りや役割分担、方法、ハード・ソフトに馴染む段階です。生徒の学習内容は以下のようになります。

・さまざまな役割分担についての理解（監督、脚本家、舞台監督、カメラマン、演者、編集など）
・使用予定の機器のリストづくり
・カメラの使用法

②開発の段階――アイディアの取捨選択、テーマについての調査、教師や生徒同士での調整を行います。テーマの概要もしくは脚本、あるいはその両方を書きます。生徒の学習内容は以下のようになります。

・ブレインストーミングで出たアイディアのウェビング
・ビデオ作品の概要づくり

・関連情報を要約し、総合したレポートづくり

③制作の準備段階——それぞれの場面を描いた絵コンテをつくり、撮影計画を立て（予算、ロケのことなど）、セットや小道具、衣装など必要となるものを準備します。生徒の学習内容は以下のようになります。

・制作スケジュールを記したタイムラインづくり
・撮影順に従って図化する絵コンテづくり
・二人か、それ以上の登場人物同士のセリフについての話し合い

④制作段階——ビデオ作品の制作のために撮影、記録、映像処理などをします。生徒の学習内容は以下のようになります。

・録画内容の整理、記録
・日々の撮影の振り返り
・翌日に行うことのリストづくり

⑤制作後の段階——録画内容を整理、編集し、シーンごとの字幕やナレーション、効果音、そして最初と最後のクレジットなどを加えます。仲間といっしょに行う試写もあります。生徒の学習内容は以下のようになります。

・字幕づくり

・ナレーションや最初と最後のクレジットの文章づくり
・上映後のアンケート調査の作成

⑥営業と流通の段階――完成したビデオ作品の営業や流通のための準備をします（ＤＶＤ化やオンラインでのアップ）。生徒の学習内容は以下のようになります。

・発表会の開催
・ビデオの広告ポスターづくり
・完成した作品の続編を提案

実践例③――身の周りにあるもの（日用品）から――ジェニファー・ロウセル先生の実践［参考文献49］

身の周りにあるものは日常の感覚につながるものであり、学校外での生徒の個性を理解し、尊重する入り口となるでしょう。日用品は、日々の生活を「書くこと」の学習に結びつけます。さまざまな方法によって、書かれている言葉のみならず、多くの「声」を見つけることができるでしょう。

日用品は、生徒の「考えること」や「書くこと」に文化的な影響を及ぼします。生徒が日常生活における素材と言葉を結びつけることによって、習慣となっている領域と家庭や学校がつながり、その結果、より多くの生徒の声が入り込み、自分なりの意味が見つけられるでしょう。

COLUMN ▶▶▶ アイデンティティー・テキスト

生徒が作成した、日用品にかかわる文章のことを「アイデンティティー・テキスト」と言います。生徒は自分のアイデンティティー（自分自身、個性）を投入し、その結果として、これら日用品に対してオウナーシップをもつのです。これらのテキスト（書かれたもの、口頭のもの、目で見るもの、音になったもの、あるいはさまざまな形式の組み合わせ）は、生徒自身のアイデンティティーが背景として映り込んだ、鏡のような存在なのです。［参考文献26］

以下に示す一場面を読むと、生徒がディジタル上でストーリーをつくることを通して、身の周りのものとそれを使用する語り手の内なる声を見つける方法が分かります。こうした「声」を見いだす過程について、パッツィー・フローレス（仮名）のケースから抜粋して紹介しましょう。

二〇〇八年九月から一二月、ニュージャージー州の郊外にある高校において、二〇人の九年生を対象として、ディジタル・ストーリー作成の授業を共同調査しました。パッツィーはデザインの面で優れた生徒だったので、グループの生徒は彼女のところにアドバイスやフィードバックをもらいに行くほどでした。

パッツィーは、自分のディジタル・ストーリーをある一つの日用品でスタートさせました。それは、有名な洋服デザイナーになるという夢を象徴する、幼少期につくったリックラック（波形）のドレスでした。国語の授業でホメーロスの『オデュッセイア』（松平千秋訳、岩波文庫、上下巻、一九九四年）を読んだことをもとにして、幼少期の日用品であるリックラックドレスを身にまとうことからはじめ、自分がファッションの世界へ向かうという将来への旅を描くことにしました。

パッツィーは、幼少期の夢から、将来ニューヨークで「シャネル」や「ヴァレンチノ」のような著名なデザイナーになるまでのディジタル・ストーリーを作成しました。彼女の服づくりはファッションの世界とつながっています。ドレスの画像からは、彼女がドレスをつくったときの思い出が感じられました。幼少期のドレス、その色や形、様式についてのディジタル・ストーリーは感覚をかき立てるものでした。

実に多種多様です。幼少期の青と白のリックラックからパーティードレスのような華やかなものまで、どのドレスも色や素材、そしてつくる際の選択に行きつくまでのストーリーがあったのです。

四か月のユニットを通して、日用品そのものが新たなストーリーの幕開けとなること、ストーリーを語らせること、生徒をさらに触発する話が聞ける場をつくりだすこと、そしてこうした作品のもつ力を感じました。日用品を題材にしてリテラシーを教えるということは、とくにクラスに居場所がない生徒たちにとっては、何にも増して声を見いだすことにつながるでしょう。

【創作・探究活動の振り返り】

ディジタル機器の文章やネット上の文章は、生徒の身の周りの出来事にかかわる読み書きの表現や定義を変えました。私たちが知るリテラシーのプロセスは変化しつつあります。そして、そうしたプロセスに必要とされるスキルを獲得するために、授業のなかにおいて新たな方法が求められています。

・リテラシーの授業、活動に対して、どのようにＩＣＴを組み込みますか？　あなたの教室環境では、新たなリテラシーを使った多様な表現形態が準備できていますか？
・生徒が目にした文章に対して、多様な表現形態を用いて反応する機会を与えていますか？
・下書きの前後やその最中、ほかの人とどのような話し合いを行えば効果的に書くことができるでしょうか？
・生徒が自分の内なる声を表現するのに必要な言葉や文章力を身につけさせるために、語彙力や表現力についてどのようなトレーニングをさせていますか？
・自分の書いたものについて生徒がオウナーシップと責任をもつことを支援する必要がありますが、その支援は、あなたがカンファランスをすることで紙やモニターをきちんと扱えるようになるといった程度の簡単なことだと考えてください。

・ジャーナルや作家ノートを使用することは、多くの教室ですすめられています。生活あるいは読書体験のなかにおける大切なことを生徒に振り返らせ、この先、文章を書くためのアイディアのタネとなるからです。

生徒がジャーナルを雑多なメモ書きと考えるのではなく、学びの方法として自分の文章を認識し、価値づけるものであることをきちんと理解するためにどのようにしていますか？　ジャーナルのなかで生徒があなたと共有したいと望んでいる部分だけを見るようにして、生徒のプライバシーをどのように保障していますか？

・生徒はさまざまな形態や素材のアートを通して自身のアイディアや感情を選び、形づくり、発表することができます。そのとき生徒は、革新的なアイディアを述べ、アート作品を作成することと想像することに喜びを見いだし、知覚・情動が活性化され、作品の改善、完成に向けてやり直し、つくり直し、活動する意欲が湧いてきます。

・生徒が作品をつくりだす際には、多様なメディアやディジタル機器を組み込むことができます。それに、ある形式で表現したアイディアの形を変え、別な表現方法でつくり直すこともできます。自分のアイディアを組み立て、つくりだすために異なる方法を見つけることは動機づけにつながり、生徒独自の声を表現する形を見いだす(17)ことにもなります。

・書くことについてのモデルや見本はたくさんあり、それを評価やミニ・レッスンの場、特別な活動の場で提示することができます。生徒がこれらの見本を見て、自らの能力レベルに応じたものを見つけられるようにすることをおすすめします。コンピューターは、こうしたことを生徒に提供できる素晴らしい道具なのです。

(17)　大人の私たちが目にすることのできる文字情報や静止画・動画作品などであれば、教師がその気にさえなればすべてをモデルとして活用することができるでしょう。

第9章 ICTが「声」を広げる
——あなたは学びの可能性を広げることができますか？

以下に示すのは、異なる町にある二つの学校[1]に通う六年生のコメントです。二つのクラスは、ブッククラブ形式で同じテーマの小説セットを読み、ユニットを通して読んだことへの反応をジャーナルに書いていました。

生徒は、三か月の間に五冊の小説を読みました。この学習ユニットのまとめにあたって、二つの町の生徒はビデオ会議を通して熱心に対話しました。生徒はジャーナルに記したメモを使って話し合いました。以下では、シンシア・ロードの小説『ルール！』（おびかゆうこ訳、主婦の友社、

(1)　ブッククラブについては一五四〜一五六ページを、小説セットおよびテキストセットについては『教科書をハックする』（前掲、新評論）を参考にしてください。

二〇〇八年）〔参考文献41〕について書かれたジャーナルから、振り返りの部分を紹介します。

デイヴィッドと自閉症について

・デイヴィッドの話はリアルです。私の親友の兄弟も自閉症だから分かります。
・デイヴィッドは自閉症だから、どうしたらいいか分からないんでしょう……。
・デイヴィッドは、「おもちゃを魚の水槽に入れない」というルールを知っているからこそ変なことをしてしまいます。それでも、やってしまうのです。
・デイヴィッドの話はリアルです。自閉症の人は、彼みたいに何か得意なものをもっていると思います。

キャサリンについて

・キャサリンは弟のデイヴィッドを助けたいと思っています。でも、同時に自分だけの生活もしたいと思っています。
・キャサリンは、自閉症の弟とは普通の子どもみたいに接しています。
・（障がいのある兄弟がいることについて）キャサリンのデイヴィッドへの接し方、そして普通の生活をしたい気持ち、私も同じです。

・弟に障がいがあるので、私も時々キャサリンみたいに恥ずかしい思いをすることがあります。

障がいがあることについて

・登場人物が実際に障がいをもっている人のようで、とてもリアルに描かれていると感じます。
・デイヴィッドは自閉症です。一方、ジェイソンは車椅子に乗っており、話すことができません。実際、多くの人が障がいをもっていて、それに対処する方法を身につけています。
・病気にかかっている家族がいる人は、みんなそれに堪えて暮らしています。
・自分は障がいがある人をからかったりはしません。
・もし、自分の弟が自閉症だったら、たくさんのルールをつくるでしょう。
・私の友だちは、兄弟に障がいがあるため両親にあまりかまってもらえません。
・もし、自分の弟に障がいがあったら、この小説のように異なる扱いは受けたくないです。
・自閉症の子どもの多くはデイヴィッドのように振る舞っていて、あまり考えずに、すぐ行動します。
・キャサリンは人生に本気で向きあっています。自閉症の兄弟をもつ人たちは、たいていの場合孤独になり、放っておかれていると感じているのでしょう。

・キャサリンは弟が注目されているので、自分もそうしてほしいのです。

・きっと、男子のほうが女子よりも自閉症の兄弟とうまく接することができます。

以上のコメントは、二つのクラスの間で行ったビデオ会議の振り返りを抜粋したものです。生徒にとっては、ジャーナルがこの特別なやり取りのサポートとなりました。その結果、この小説の内容にコメントをしあうというリアルな会話が生まれました。私たちが本音を語らせる機会をつくれば、生徒は対話の内容についてより深く考え、自分の発言を振り返り、考え直すようになり、私たちが望む新たな理解へと向かっていくはずです。

私のスマホは本とともに——デジタルとアナログの融合

「国際社会」の定義が更新されているように、「リテラシー」の概念もまた進化を続けています。理論や技術の進展は、リテラシーを単純なものからより豊かで複雑な構造へと変化させました。単に読む能力以上に大切なものとして、現在のリテラシーは多様な文章・内容から情報を活用する能力や、内容に応じた表現形態を活用する能力にまで及んでいます。そして、その視線は、学校だけでなく、外の世界でのリテラシーの訓練にまで向けられているのです。

コミュニケーションは、言葉の問題だけではない重要さを帯びています。目に飛び込んでくるイメージ、たとえば通りの風景、広告のイラスト、アニメーションなどは言葉によるメッセージ以上のものを伝えてくれています。親や教師、本の出版者は、幼い子どもにとって挿絵は大切なものであると昔から認識していました。今や、ごく最近の「メディア」は、その発展過程（テレビ、映画、雑誌、とくにＰＣのモニターなど）を見ると分かるように、学びのさまざまな要素が統合するものとなっています。

私たち教師が直面する課題は、書かれている文章と即時性をもったビジュアル的なイメージを調和させるためのサポートです。生徒の生活に根ざしたメディアを無視し、本や雑誌を押しつけるだけではリテラシーの無知を克服することはできません。

一方、いくら省察を促しても、紙に印刷された本や文章を除外してはリテラシーのある市民を育てることはできません。幸い、生徒の生活にある多様な表現形態をリストアップしてみると、実に多くの形態に触れていることに気づきます。コンピューターの画面、スポーツの記事、マンガ、ゲームの説明書、テレビガイド、そして学校の教科書など……。

生徒の生活背景や能力の違いにかかわらず、私たち教師は生徒を助ける義務があります。多様な表現形態への反応をよく考えること、どうしてそのように自分が感じたかを振り返ること、読

COLUMN ▶▶▶ ディジタルから「声」を発見すること

ある教室で、ある年に触れたディジタルの形式は以下の通りでした。

Eメール、ウィキ、ポッドキャスト、スカイプ、パワーポイント、会話の録音テープ、教室で使用したアイパッドのアプリ、ブロガー（グーグル社によるブログ作成サービス）、ブライアンポップ（教育にかかわるアニメ動画サイト）、ブリッジフリー（Bridge FREE・カードゲームの「ブリッジ」をオンラインで遊ぶためのアプリ）、キャプション、ドラゴンディクテーション（音声認識アプリ）、エデュクリエイション（通信教育のサイト）、エバーノート（ノート、メモアプリ）、Explain Everything（タブレットやスマホがホワイトボードのように扱えるアプリ）、グーグルアース、iMovie（アップル社の動画編集ソフト、アプリ）、iTranslate（翻訳アプリ）、NFB（カナダの映像社によるソフト？）、オーバードライブ（トロント公共図書館の電子書籍にアクセスできるソフト）、ポップレットライト（アイパッドの画面上でマインドマップのようなものがつくれるソフト）、パペットパルス（アニメ作成ソフト）、QRソフト（QRコードを作成するソフト）、サイエンス360（科学についての画像、動画などのリンク集アプリ）、スキッチ（画像に注釈などを書き込み、共有できるアプリ）、スパークル・フィッシュ（カナダのホランド教育委員会の学校で用いられているアプリ）、スプライス（著作権フリーの音源共有アプリ）、タイマープラス（ストップウォッチ、タイマーのアプリ）、ツイッター、ボイス・スレッド（映像通信できる話し合いのソフト）

（注）日本とは大きく異なります。日本の小中学校で使用されるのは、ジャストシステム社のスタディー関連のソフト、そしてマイクロソフト社のワード、エクセル、パワーポイントくらいかと思います。使用できるソフト、アプリを多様に用いることが豊かな理解・表現につながると思います。ディジタル機器の使用そのものが目的ではありませんが、それにしても諸外国との違いは大きく、教育の土台として不十分な感は否めません。

者の反応を促す著者のアイディアや言葉を考えることなどです。「より深い理解を求めて、必要とする表現・内容を読む」という当たり前のこと、これが、教師や親が生徒を導く際の課題に対する答えなのかもしれません。

生徒にはありとあらゆる形式の表現形態に触れてもらい、人生における選択において適切な選択肢を見つけてもらいたいです。そのためにも、私たち教師の「選書」そのものが変わらなければなりません[2]。

ICTの光と影

ハイパーリンクとマルチメディアが取り巻くこの世界で、読むことや書くことをどのように捉えればよいのでしょうか？　ウェブがどこにでもある「ユビキタス社会」が「声」をサポートするかどうか、期待とともに不安があることでしょう。

---

(2)　その出発点は、「教科書至上主義」からの脱却ではないでしょうか。それには、「金属疲労」ならぬ「教科書疲労」をすでに何十年も前から起こしている問題に対処する方法が具体的に書かれた『教科書をハックする』（前掲、新評論）が参考になります。教師も生徒も教科書に依存しているかぎりは、「選書」という最適な練習ができない状態が続いてしまいます。

生徒には知識の構築、すなわち（ウィキペディアに代表されるように）公共の知識の創造と変更に取り組む機会が多様にあります。ＩＴは生徒を物理的な制約から解放するものであり、さらには動機づけ、可能性を開くものです。

どこに住んでいても世界中の人とつながることができるのです。もちろん、目的も得られますし、強力な問題解決の手立てにつなげることもできます。コンピューターは、生徒をエンパワーするための道具なのです。

とはいえ、テクノロジーそのものが生徒の「声」を育てるわけではありません。ですから、アイディアをかみ砕き、操作し、つくりだすというダイナミックな機会を中心に据え、かつ慎重に設計された学習プログラムが必要とされているのです。生徒が大量の情報を素早く読み取り、そのなかから何が有用で、重要であるかを選択・構築し、真実と偏見の観点から情報をクリティカルに検討できるよう手助けしましょう。

読み書きで苦労している生徒は、紙に書かれた文章の難しい部分に関しては、インターネットであっても同じだと気づくことでしょう。基本となる読み書きの能力は、メディア媒体によって変わることはないのです。配慮すべきことは、フィルタリング[3]されていない不適切な素材から、ネットいじめ、盗用、安直なネット利用などにまで及びます。

書くことへのサポート

多くの生徒は、コンピューターが「書くこと」へのアプローチをより自由にすることに気づいていますし、学びに対してより前向きになるものとして認識しています。(4) 目的意識の高まり、自分の学習活動と現実世界との関連についての理解、アイディアを再考したり書き直したりする意欲、仲間とのシェアリング、より高いレベルの思考スキル、(5) より複雑な問題解決能力の向上など、すべての領域において成長が見込めます。

一人でリアリティーのある活動に黙々と取り組むことを好む多くの生徒にとっては、コンピューターのワープロ機能は自然で快適な学習ツールとなります。(原注)

---

(3)　インターネット上のページなどを一定の基準で評価判別し、選択的に排除することです。

(4)　訳者の一人も、手書きで原稿用紙を埋めることと日本の作文教育で書くことが嫌いになりましたが、ワープロが登場してキーボード入力ができるようになってから少しは書けるようになったという経験をもっています。このことは、今学校に通っている多くの生徒にも共通していることかもしれません。

(5)　低いレベルの思考スキルは暗記や理解で、高いレベルの思考スキルは分析、応用、統合、評価と言われています（ブルームの思考の六段階）。

(原注)　調査によると、男子のほうが女子よりも学校外でコンピューターを使用しています。男子はフィクションよりも現実に近い素材（本、雑誌、ウェブサイト）を好むため、インターネットに反応を示すとのことです。

もちろん、私たちには、こうしたディジタル機器を用いて可能なかぎり協働的・創造的な場面を組み込んで、生徒がより高い思考に向かうように手助けするといった責任があります。コンピューターの活用は、協働的な学びのスキルや探究/研究者としてのスキルのように、生徒が身につけるべき領域の発達に影響を与えます。

さらに、生徒がサイバースペースのなかで迷子になってしまわないように注意し、作品のなかに曖昧・不正確な情報を取り入れてしまわないように、積極的かつクリティカルにマルチメディアの活用を学ばせる必要があります。

現在では、コンピューター上の文章を読んでまとめるにあたって生徒は、プログラマーあるいはデザイナーのように行っています。書かれた文章、音、アニメーション、動画といった様式を織り交ぜ、自分がつくるものをより良いものに仕上げていきます。また、概念を視覚化するためや問題解決のためにコンピューターを使っていることでしょう。

こうした可能性を考えると、リテラシーについて教える際、基本的な文章、言葉、会話だけを文章として使用するわけにはいきません。文章はイラストや音、アニメーションを伴うものであり、生徒が家庭でプリントアウトしたり、ディバイス上で閲覧したりして楽しむものと同じようにつくらなければならないのです。(6)

インターネットは「目的」ではなく「手段」

「テクノロジーについて学ぶ」よりも「テクノロジーを使って学ぶ」という視点に立てば、生徒にとって明確で、つながりのある言語の成長を見ることができるでしょう。

・テクノロジーは、生徒をより生産的・創造的にしてくれます。言語とヴィジュアルという両面からアイディアを表現する方法を提供してくれるからです。

・テクノロジーは、みんなと協働することや相互にやり取りすること、情報やアイディアに触れるための幅広いメディアや形式を使用することなどに生徒を結びつけてくれます。

・テクノロジーは、情報の発見・価値判断・収集に役立つツールの使用により、生徒がより効果的に調査することを助けてくれます。また、データからもたらされる結論や考察を、構成・報告・発表することも促進してくれます。

・テクノロジーは、生徒がクラスメイトやテレ・メンター（オンライン上の指導者）などの他者と活動し、問題解決や合意に至るように助けてくれます。(7)

（6）もはや紙媒体の教科書のみが教材という時代ではありません。この点について詳しくは、『教科書をハックする』（前掲、新評論）で紹介されている「テキストセット」（第７章）を参照してください。

同時に私たちは、インターネット使用の欠点にも目を向けなければなりません。ウェブ上の情報は不正確であることがよくありますし、時には誤っていることもあります。以下に、欠点ごとの対策を挙げてみました。

・「買い手は注意せよ」という格言は、まさに「読み手は注意せよ」に置き換えることができます。誰もがインターネット上のサイトに投稿したり、ツイートができます。一方、情報の正確さに関しては誰もチェックしていません。生徒には、確かな機関や団体のサイトを使用するようにすすめましょう。

・インターネットを使用している生徒を注視し、どのサイトを閲覧しているかについて確認する必要があります。

・すべての検索エンジンが公平につくられているわけではありません。さらに、いかなる環境でも操作を進められる生徒もいれば、何時間も無駄に検索している生徒もいます。インターネットで情報を探すのに不慣れな生徒のサポート役として、操作に手慣れた生徒を配置してみてください。

・ネットサーフィンするのは楽しいものですが、それだけに時間が非常にかかります。ほかの生徒も使用できるように、生徒の使用時間を賢く制限しましょう。(8)

ICTとそのサポート

実践例①――モニターを見ながらカンファランス（ティナ・ベネヴィデス先生の場合）

ティナ・ベネヴィデス先生は、自身が計画した探究活動において、生徒がインターネットで情報を調査したときのリテラシーの質について調査しました。以下に掲載したものは、ベネヴィデス先生が生徒に考え聞かせについてガイドする過程をまとめたものです。

ベネヴィデス先生　保健の先生が生徒にＥメールを送信して、ＭＰ３プレーヤーの使用と難聴の関連について情報を集めようとしています。そして、あなたたちはＭＰ３プレーヤーの大音量の使用がもたらす影響についての調査と、発見したことをウィキペディアに書き込もうとしています。私のほうからいくつか質問しますね。インターネットでそのこと

---

(7)　これらはすべて、授業中はもちろんですが、授業外でも機能し続けます。それを読むことの指導に使った例として、下記のＱＲコードを参照してください。

(8)　この問題は、授業内よりも授業外のほうがはるかに大きいことをわきまえる必要があります。

についてて調べながらでもいいですよ。

（以下、教師と生徒のやり取りが続きます。）

ベネヴィデス先生　何からやろうとしていますか？

生徒　まずは、大きな音が聴覚に影響を与えるかどうかについて大まかに調査しようと思います。

ベネヴィデス先生　なるほど、いいですね。

生徒　今、よい資料になりそうなものを探して、ウェブサイトのリストに目を通しているところです。まず目に飛び込んできたのは、「子ども健康機関（https://kidshealth.org/）」によるものでした。これは、情報源として信頼できるものだと知っていますから。

ベネヴィデス先生　へえー……どうして信頼できると知っているの？

生徒　えーと、テレビでも見たことがあるし、病院の事務室でもこのサイトについて触れていたからです。

ベネヴィデス先生　なるほど。

生徒　だから、その記事にさっと目を通して、何かいい情報がないかと確認するつもりです。

ベネヴィデス先生　いいですね。

生徒　ここでは、大きな雑音が一時的・慢性的な難聴を引き起こすと言っています。今読み終えたところですが、この記事では、いくつかの症例で耳鳴りなどの聴覚異常を来すことが述べられています。誰もがこうなる可能性があると思います。人によってレベルが違うだけだと思います。

生徒　この記事では、一時的・慢性的な難聴を引き起こすという考え方を深刻なものとして捉えているように思えます。そして、慢性的な難聴を引き起こすものの一つとして、大きな雑音に長時間さらされるというものがありました。それで、ワープロソフトに切り替えて、この情報を書き留めようと思います。そのあと、一時的な難聴がどのように起こるのかについて見つけるつもりです。

ベネヴィデス先生　そうですね。

生徒　まず「子ども健康機関」のサイトに戻り、何か見つけられないか調べてみます。この記事では、ヘッドホンやイヤホンがとくに悪いと言っています。

ベネヴィデス先生　いい考えです。

生徒　まだ「子ども健康機関」のサイトです。

ベネヴィデス先生　えーと、今、どのサイトを見ているんでしたか？

生徒　ええ、まずはこの記事をよく読んで、調査に有益となる付加情報がないかどうかを確認することにします。

ベネヴィデス先生　ほかの調査はしないのですか？

ベネヴィデス先生　ええ、いいですね。

生徒　そのあとワープロソフトに戻って、ヘッドホンやイヤホンが難聴のリスクを増加させることについて書くことにします。

ベネヴィデス先生　それは音量のせいだけですか？　あるいは、特定の原因がほかにあると思っていますか？

生徒　そうですね。ここでは、とくにヘッドホンやイヤホンを使ったとき、大音量の音楽で同じような影響を及ぼすと書かれています。有名なミュージシャンが難聴になり、耳鳴りがひどくなったそうです。

ベネヴィデス先生　興味深い記述ですね。

生徒　このサイトで十分な理解の土台が得られたように思います。次は、また最初に戻って、大音量で音楽を聴く場合、子どもと大人のどちらが難聴になる影響をより受けやすいのかについて見つけたいです。

ベネヴィデス先生　いい流れですね。

生徒　（ほかのサイトを閲覧して）えーっと、これはあまりいい情報とは思えません。これは、難聴がどういうものかについて説明しているだけです。少し別の情報を探してみることにします。大音量の音楽をどれくらいの時間聴いていると難聴になるのか。……もう一度、ウェブサイトのリストを探してみて、私にとって有益な情報がないか調べてみます。

ベネヴィデス先生　そうですね。（以下略）

実践例②――コミュニティーとしてのブログ（ローヤン・リー先生の場合）

ローヤン・リー先生が教える七年生のクラスは、物事と思考・表現を関連づけるためにブログを有効活用しています。先生はブログを用いてコミュニケーションする理由と、そのなかの学びについてコメントしています。

ブログは……

- 学習でのリアルな読み手を与えてくれる。
- 私たちの学習と思考を蓄えるポートフォリオになる。
- お互いの学習を見せあい、フィードバックしあうことを可能にする。
- ネットに投稿し、ディジタル上に学びの足跡を残す効果的な方法が身につけられる。
- すでに生徒たちがなじんでいるソーシャルメディアの使い方に、教師のサポートとガイダンスをさらに提供する。

・ネット上での存在感や積極的にアピールすることの重要性について、クリティカルに考えさせてくれる。
・学び手のコミュニティーをつくりだしている。
・今必要とされるリテラシーのスキルを練習させてくれる。
・授業の外でも私たちをつないでくれる。
・七年生の生徒みんなを、一つの大きなクラスのように感じさせてくれる。
・手書きすることと学びの質とは関係ないことを教えてくれる。
・本当に楽しい。

まとめると、授業中にブログをすることは大変効果的だ、ということです。(9)

ブログが与えてくれるもの

①ネットワーク——生徒が取り組むネットワーク化された思考と協働は、一見の価値があります。私たちのブログがネットワークを形成するのです。一〇八人全員のブログ（教師も含む）は、すべてRSS（rich site summary）の使用と「フォロー」によってリンクされています。つまり、あなたが一つのブログに入れば、ほかのすべてにアクセスできるということです。それ

こそがウェブ（蜘蛛の巣）なのです。

一人のブログを読むことは、ほかの一〇七人のブログへの入り口になります。私も長年教師をやってきましたが、これ以上にリアルな読者を設定することはできませんでした。さらに、お互いのアイディアを借り、仲間のフィードバックに真剣に耳を傾けることの大切さについて説教することもなくなりました。これが、まさに今起こっていることなのです。

②生徒の「声」――私たちは外に開かれたクラスであり、州内の訪問者も国際的なゲストも受け入れています。そこでは、生徒の「声」がクラスにおいて大切にされていることがいつも肯定的に評価されています。私の英語（国語）の授業では、自分の声を聞いてもらうために外向的に振る舞うことも、目立つ必要もありません。学習、考え、そしてこだわりをディジタル・ポートフォリオに集積するだけです。ブログは、そうした生徒の声をクラウド上に解き放つ素晴らしい方法なのです。

私たち教師は、誰の作文やイラストなどがほかの誰に影響を与え、グループをリードすることになるかについて予測することができません。ごく稀に中学校では暴力事件もありますが、私たちのブログでは仲間に影響を与え、つながることを可能にしています。とくに、「友だち」

(9)　教師も同じようにしていることが求められることを意味します。

だと思っていないような人についてもそうなのです。

③創造的で拡散的な思考――今や世界は、高度なイノベーションと拡散的な思考が求められる複雑な場所へと変化しました。ブログは、教師を介することなく生徒がリテラシーを活用することを可能にします。総合的な活動として、『トワイライト』〔参考文献42〕に描かれているエドワードへの愛の詩を作成することになろうと、シリーバンズ（さまざまな色・形の輪ゴムのこと。腕にたくさん付けるファッションが当時流行）のへんてこさを表すビットストリップ（一コマ漫画を作成するアプリ。二〇一六年にサービス終了）をつくることになろうと、生徒の革新的なブログがいつも私を驚かせています。

④豊かな視点――世界の変化に伴ってリテラシーの意味も変化しています。読み書きの領域は、もっとも大きく変化しているものと言えるでしょう。学校における時間割どおりの読み書きとは別に、私のクラスの生徒は「書くこと」を、アイディアとメッセージを交流するダイナミックな方法として捉えています。

さまざまなメディアを利用することで、画像や文章を添えて「書くこと」がエンパワーされます。生徒は文脈や読み手に応じて、あるメディアとほかのメディアのもつ力の区別を学んでいきます。最初は自分のメッセージを伝えるためにベストなツールを選ぶことに戸惑ってしまいますが、すぐに彼らはダイナミックで多様なリテラシー環境のなかで豊かに活動し、どのツールが最適か、責任をもって決定できるようになります。

⑤自分で出版——ブログをはじめた初期段階で生徒があっと驚くのは、自分で出版するときです。「あれ、つまりは、私がすべてコントロールできるということですか？　私が中身を書き、レイアウトを決め、アクセス権限などもコントロールし、私がやりたいようにブログがデザインできる……ってことですか？」

⑥積み重ね——ブログを継続的に書くというのは、私の生徒にとっても初めてのことでした。ですから、私はじっと我慢をしながら、多くのブログの読者に対して継続的に投稿する彼らの姿を見守りました。もっとも、彼らはすぐに慣れていきましたが。

実践例③——ソーシャルメディアを活用して（ジェフ・ボウリング先生の場合）

ソーシャルメディアやブログ、Ｅメール、掲示板、５００＋チャンネル（動画サイト）など、ほぼあらゆるディバイスからインターネットにアクセスできる現代、これらすべてのＩＣＴ上の会話を集めてみたら、きっとスーパーボウル[10]のキックオフがはじまる競技場のど真ん中にいるよ

(10)　アメリカでは、野球やバスケットよりもアメフトのほうが人気は高いです。その年間チャンピオンを決める試合を「スーパーボウル」と言います。

うな感じになるでしょう。逆に、一旦その場を離れれば、冥王星に立っているような静けさになるでしょう。

ひとたびこの場に下りてくれれば、あまりにも周囲がやかましいので誰もが身構えてしまいます。メディアはつまらない広告が出た時点で終わりになりますし、完璧なスピーチといえども短い動画で台無しにされます。もはや、何も受け入れられません。

では、どうすれば若い人たちは、この耳障りな騒音のなかで自分の発言を聞いてもらうことができるのでしょうか？　誰もが瞬間的に片言の言葉をスマホで使い、考えや気持ちを共有できるこの時代、どうすれば生徒は自分の「声」を見つけることができるのでしょうか？

ＷｉＥＲ（Writers in Electronic Residence・ディジタル世界の書き手）という名前のプログラムをつくったのはトレヴァー・オーウェン（Trevor Owen）博士ですが、このプログラムが前述の問いに対する答えとなる一つのスペースです。

インターネットの登場に先駆けて、ＷｉＥＲは二五年も活動しています。そこには、オンラインで、散文・韻文を問わず生徒が投稿、議論をする場ができあがっています。カナダ全土にいる生徒が書いた作文が交流するという活発なコミュニティーです。さらに、投稿されたものが全参加者に開放されていますので、生徒はクラスの作品だけでなく、遠く離れた地域の人が書いた作品まで読むことができるのです。もちろん、作品を評価したり、改善点について話し合ったり、質問をすることもできます。

このコミュニティーには、カナダで活躍しているプロの作家も入っています（W・iERではなく「Writers in Residence」、実際の書き手ということになります[11]）。作家は時期ごとに代わりますが、著名な作家も名を連ねています。生徒の作品はプロの作家によってチェックされ、コメントを受けることになります。生徒と作家の間で対話が行われ、プロが書くプロセスについての考えが生徒にも伝授されることになります。

このW・iERのルールでは、建設的な批判と同意・反論を表明する権利が奨励されており、書き手として生徒の内なる声を成長させるという安全な環境があります。また、こうした大きなグループのなかで、ネット上の過剰な雑音や広告バナー、アニメーション、クリックスルーにわずらわされることなく、生徒自身の声を聞いてもらえることが可能となります。さらに、書くことに特化した枠組みと、効果的な書き方の指導を生みだすことがルールとなっています。

このW・iERの枠組みのなかでは、生徒は言いたいことを言うことができますし、プロ・アマ両方の書き手から前向きなフィードバックと建設的な批判をもらい、書くことを可能なかぎりサポートしてもらうことができるのです。

---

(11)「オーサー・ビジット」の長期版と理解してください。詳しくはQRコードをご覧ください。

ケベック州ロングイユに住む生徒のS・Sさんは、次のような交流を経験したようです。以下に紹介するのは、ちょっと変わっていて、ユーモラスな会話を含む彼女の作品に対して、プロの作家であるロバート・プリースト（Robert Priest）が反応したものです。

> よく書けていますね、Sさん。この会話部分は、非常に斬新なストーリーです。説明なしで、二人のキャラクターの仲のよさが伝わってきます。それに、やり取りの中身が読んでいて面白いです。変なことを言うようですが、私たちの頭脳はシナリオや出来事を構成する術（すべ）をよく知っています。このあとのコメントも見てみてください……。

この文章のなかで、プリーストは言葉の選択と同じ言葉の繰り返しについて、いくつかのアドバイスを行いました。それに対して、Sさんは次のように反応しています。

> コメントとアドバイスをありがとうございました。編集するなかで、アドバイスのとおり、二番目の「注意する」を「じっと見る」に換えました。これまで同じ言葉の繰り返しに気を配っていませんでしたので、そのご指摘に感謝致します。それと、あなたのコメントでは、私の意図がはっきり伝わらないということだったので書き直してみました。これではっきり

していといいのですが……。とにかく、修正してみて本当によかったと思っています。ありがとうございました。

この交流のなかでSさんは、同じ言葉の繰り返しに気を配るということ、そして自分にとっては明確であっても、読み手にとってはそうでないこともあるといった、書くことにまつわる価値のあるスキルを学びました。「自分が『読み手』のために書いているのであって、自分だけが分かればいいものではない」と気づいたことが、これからの人生において、書くことのすべてに関して連鎖反応的な効果を及ぼすことになるでしょう。

このような知識が、彼女の書くプロセスにはもちろん、紙とペンを取る前にも、モニターとキーボードの前で考える際にも成長を促すことになるでしょう。さらに、こうした交流の効果はただ散文・韻文を書くことに限定されるものではなく、エッセイやあらゆるコミュニケーションにも応用が可能ですし、内なる「声」を明確に映しだすことにもなります。

ＷｉＥＲがもたらしうる学びのなかには、プロの作家やほかの生徒の書き手たちから得られる反応のほうが、教師によるどんな評価ツールよりも大きな効果があるというシンプルな発見もあります。

誰かが自分の書いたものを受け取り、それについて考えているという事実に気づくと、それはクラスの壁を超える強力な推進力となります。ノバスコシア州シドニーに住むR・Nさんは、オンラインの交流を通して、「自分の詩にあなた自身のメッセージが含まれているか」という確認の投げかけを受け取りました。その前後の反応を示した文章が、詩についての豊かな議論と詩作の技法をもたらしました。

以下は、R・Nさんがそれについて感謝を述べたものです。

私の詩「分かるのだろうか?」にコメントをくれて、本当にありがとうございました。あなたは、「私たちの行動や決定が本当に次世代に影響を与えるのだろうか、そして、次世代はそうした行動や決定を覚えているのだろうか」という問いを発して、私が全編を通して述べたかった気持ちを正確に理解してくれました。また、「私たちの時代を象徴する細かな出来事は世界の歴史において主要な出来事のように見えるだろうか、そうではないのだろうか」という問いなど、あなたのコメントは本当にありがたかったです。

高校では、すべての出来事が歴史の行く末を変えるのではないかと思ってしまいがちですが、その一方で決してそうではないことも分かっています。しかし、元の位置に戻って、問いかける必要があると思います。人々は、真に何が起きたか分かっているのだろうか? 分かるのだろうか? と。

また、「分かるのだろうか?」をすべての連の冒頭で繰り返すことで、毎回その感情を思い出させ、あなたが言ったように、詩を土のように掘り返すことになると思います。あなたがアドバイスしてくれたことすべてについて考えてみます。とくに、最終行の前で一行空けるということについて考えてみます。それによって、詩を締めくくる余韻をもたせることになるのではないかと思っています。

次世代の人は私たちが経験したことを知らない、と言うだけでなく、ある意味私たち自身も忘れてしまうことがある、ということを付け足す効果があるように思います。

フィードバック、本当にありがとうございました!

ここで紹介した二つは、ＷｉＥＲのフィードバックを通して継続的にもたらされる学びのちょっとした事例でしかありません。こうした学びは、教室で教師が育み、与えようとするものとはまったく違ったものですが、完全に補完するものともなりえます。

ＷｉＥＲは、クラスの枠を超えて作品が他人によって読まれ、評価されるという、書くことに関するリアルな経験を生徒にもたらすことになります。それが、本当の意味での「書くコミュニケーション」をもっとも基本的な形で生徒に示すことになり、達成させるのです。さらに、内なる「声」や文章内の意図を明確にすることの大切さを実感させるでしょう。

実践例④——学校間の交流

以下に示すのは、本章の最初に紹介した生徒のコメントにかかわる記載です。一番大切な成果は、二つの学校間の会話が進むにつれて生徒の「声」がより強くなったことです。

小説の学習は、異なる町にある二つの学校に通う生徒たちが選んだ五冊で行われました。グループごとに全五冊のコピーを六部ずつとり、各生徒に一部が行きわたるようにしました。プロジェクトの期間、生徒はそれぞれすべての本を読みました。週に一度、お昼休みにグループでファシリテーターとなる教師と話し合いを行います。期間は三か月で、四月にはじまって六月に終わりました。その後、すべての参加者を含む合同カンファランスもありました。

二つの学校のビデオ交流が六月の終わりに設けられました。生徒は自分の読んだ小説に関するワークショップに初めて参加しました。そして、午後に行われた最後の活動では、すべての生徒がデイヴィッド・ブース（この本の著者）が司会を務めたビデオ交流に参加しました。

どちらのキャンパスでも、お互いに顔をあわせることができます。みんなが会話に参加し、読んだ本についての質問に対して答える機会となりました。

実践例⑤——地域ぐるみの活動（タラ・リン・シャファル先生の場合）［参考文献50］

二〇一一年二月、オンタリオ州北部のコミュニティーに所属する家族が「ノースベイみんなで読書」に招待されました。毎週一回集まって、共通の小説を読むという地域レベルのリテラシープロジェクトです。

七週間にわたって、選ばれた小説の一部が地元の新聞に毎週掲載されました。最終章が掲載されたあと、その本を読んだすべての生徒が、家族も含めて地元の公共図書館で行われる「著者に会える式典」に招待されました。

このプロジェクトは、大学、地元新聞、著名なカナダの作家、小説の出版社と連携していました。考えやアイディアを著者と共有するためのブログが開設され、ストーリーをオンライン上で聴くためのリンクも設けられました。

本を協働して読むという概念は新しいものではありません。何年も前に同様の企画がほかの町でも行われており、読書を味わうこと、家族を結びつけること、そしてもっとも大切な、協力して読むことによってコミュニティーの感覚をつくりだすことに成功しています。このように、「ノースベイみんなで読書」は、家族のリテラシーが生徒のリテラシーの成長にとって重要であるという共通理解を前提としたものとなっています。

同様の活動を検討している人のために、大まかですがプロセスの段階を示しておきましょう。

①**作家や出版社にアプローチして、本を絞り込む**――まず、作家や出版社と面会する機会を設けます。『Three on Three（スリー・オン・スリー）』〔参考文献63・未邦訳〕が九～一二歳にぴったりの本であり、ノースベイの生徒みんながこの先にかかわることになる「競争」というテーマを扱っていることを理由として、委員会のメンバーによって選ばれました。

②**本を公に共有する多様な方法を考える**――委員会で新聞やインターネット情報源（親のiPhoneやその他の機器で利用できるブログやオーディオブック）なども含め、本を共有するための方法をブレインストーミングして出しました。「ノースベイナゲット」（ノースベイの地域情報紙サイト）が、期間中、土曜版の一ページを提供してくれたことがこの取り組みを進めるうえにおいてとても有効でした。この紙面は家族・学生向けになっており、「掲載したものに変化を生む」という新聞の目標とマッチしていたのです。なお、この紙面は印刷物でもオンライン版でも見ることができました。

③**広告／告知をする**――前もって決められていた人だけではなく、ノースベイ全体の家族に行きわたらせるという目標を設定していましたので、自費を投じて新聞広告を出しました。最初は、「ノースベイみんなで読書」を紹介し、著者との式典をお知らせする素敵な広告を出しました。

素晴らしい式典の当日には、新聞を読んでいない人でもイベントに興味をもってもらうように、お知らせのハガキを町の至る所に投げ込みました。

④協働して読書する目的を広める——広告に加えて、新聞社が選書委員会にインタビューを行い、「新聞を開こう、本を読もう」という見出しの記事を書きました。この記事は、家族がいっしょに読書することの目的、すなわち文学を軸としたコミュニティー感覚の構築を強調するものとなっていました。

ブログの活用

フリーのブログサイト「エデュブログ」を用いて、私たちはコミュニティーのなかの家族が著者と話すための道をつくろうとしました。ブログは、著者の紹介、『スリー・オン・スリー』という本の概要、今週の読み物の部屋などで構成されていました。次に示すような問いが毎週提示されました。

第一週——最初の2章は読みましたか？(12) ここまでの物語や登場人物はどうでしたか？　ストーリーについて、エリック・ウォルターズに尋ねたいことはありますか？　『スリー・オン・スリー』のトーナメントに参加するために、バスケットボールの詩を書いてみませんか？

第二週――いよいよ、ストーリーが面白くなってきましたね！　『スリー・オン・スリー』のトーナメント戦はこのあとどうなるのでしょうか？　キアとニックの三人目のメンバー探しはどうなるのでしょうか？　バスケットボールについて知っていますか？　一番驚かされたところはどこですか？　次に何が起こると思いますか？

第三週――おや、マーカスがニックとキアの三人目のメンバーになりそうですね！　彼は詩を書きあげられると思いますか？　バスケットボールの詩を書くことについてどのように思いますか？　次は何が起こるでしょうか？

第四週――うーん、今週は本当に考えることが多かったですね！　マーカスとニックとキアは友だちになるのか、はたまた最初の試合がぶち壊しになってしまうのか？　ロイも挿絵に出てきましたが、あまりいい感じではないですね。次は何が起こるでしょうか？　エリック・ウォルターズに、ストーリーについて尋ねたいことはありますか？　あなたの考えや質問を下の欄に書いてみてください。

第五週――すごい話でしたね！　次は何が起こるでしょうか？　共有したい考えや質問はありますか？　あなたの考えを教えてください！

第六週――お気づきのように、先週は7、8、9章を掲載したのですが、今週はページを二倍にしています！　10章、11章、そして12章、13章をお楽しみください！　いっしょに読むことができたら、あなたの考えを聞いてみたいところです。あなたの考えを示し、ぜひ共有してください！

第七週――物語の終わりになりました。

作品の著者であるエリック・ウォルターズは、それぞれのコメントや質問に答えてくれました。彼自身にバスケットの経験があるのか、背が高いのか、意地悪する子どもを前にして何をすべきか、といったことです。エリックは、物語の登場人物についての見方と自分自身の人生とのつながりについて次のように示してくれました。

「私はこの本を、自分が教えている二、三年生のクラスに向けて書きました。一三人の登場人物はみんな私のクラスにいる生徒で、彼らのために書いたものでもあります。クラスで、スリー・オン・スリー大会を行っています。大会に参加するにあたり、生徒は、バスケットボールの詩を書く、ＮＢＡやＷＮＢＡの選手にメールを送る、バスケットボールのウェブサイトを見る、さらにバスケットボールに関する算数・数学までやりました。主要な登場人物のニックは、実は私の息子なのです！」

(12)　(Eric Walters) 一九五七年生まれのカナダ人作家です。小学校の教師をしながら小説を書きはじめて、一九九二年に処女作を出版しています。これまでに児童文学やヤングアダルト向けの小説を四〇冊近く出版していますが、邦訳されているのは『リバウンド』(小梨直訳、福音館、二〇〇七年) のみです。

『スリー・オン・スリー』の読者がどれくらい増えたのかは分かりませんが、それでもこのコミュニティーの企画から学ぶことは多いです。同様の企画をはじめようと考えている人に向けて、六つの「気づき」を提示しておきます。家庭やコミュニティーで、そしてみんなで読書するという体験を促進する、協働した読書企画の価値に気づくことでしょう。

❶当初は、資料へのアクセスについての問い合わせにこたえることが私たちの目標となりました。驚いたのは、小説のなかでもっともアクセスが多かったのは文章バージョンではなく、一七〇〇件以上のヒットがあった音声バージョンであったということでした。

教師がこの小説をどのように使用していたか、ということを教えてくれる興味深い報告があります。ある母親が、自分の息子はクラスのみんなと学校のスマートボード（電子黒板）で小説を楽しんでいた、とアンケートに回答していました。そこには、「生徒は読み聞かせを楽しんでいる」とも書かれていました。(13)

❷小説の音声バージョンを設けてみたことから、次年度は電子版の使用を検討しています。もちろん、すべての家庭がコンピューターを所持しているわけではありませんので、地域の図書館や学校を通じて印刷物を入手する方法も考える必要があります。

❸次年度以降は、教室での導入として、教師・生徒同士がブログでつながること、そして教室を超えてブログを形成する方法を考えています。ブログに投稿した二人の生徒が、「エリック・ウォルターズの本を読むように」と教師にすすめたため、担任教師とのつながりもできました。

❹小説の掲載や広告などをするもの、また著者との式典を告知するものとして、やはり地方紙がパートナーとなります。

❺ボランティアの一員であり、著者の熱心なファンである大学生が著者であるエリックの本を読んで育ったということなので、その知識を共有しました。ほかにも、私たちのチームのなかで著者をよく知っている人が二人いました。彼らはブックトークを行い、生徒たちに向けて好きな作品について話しました。その結果、生徒たちは、長年にわたって特定の著者の作品に浸ることの効果を知ることができました。

❻式典から得られたことについて共有しましょう。前述した母親が次のように述べています。

---

(13)　音声バージョンの朗読をみんなで聞いていた、ということでしょう。

「うちの息子たちに、もっと読書するようにと励ましてくれました。また、男性からの影響がどれほど楽しいものであるかということにも気づきました」

別のある父親は、子どもたちが式典から得られたものとして、「小説について感想をもち、焦点を絞るようになりましたし、想像するようにもなりました。最近は、小説の出来事から自分のアイディアをつくっているようです」と述べていました。

この企画が終了してから、大都市でカリキュラム・コンサルタントを務めている人からEメールをもらいました。彼女は「ノースベイみんなで読書」をずっと見てきたようで、同じような企画を立ちあげたいと言ってくれました。私たちのような企画は継続していくことが難しいものです。しかし、この企画がコミュニティーを超えてほかの人の心に火をつけ、同様のことをやってみたいと思わせたことに私たちは気づきました。

【デジタル活用の振り返り】

学校によっては、デジタルの素材を得ること自体が難しいでしょう。しかし、生徒が日々直面しているテクノロジーの進展に学校はあわせていくべきでしょう。それらの素材すべてに慣れるためには時間がかかるでしょうが、それ以上に、新しいテクノロジーに学校が適応するためにどれほどの時間を要するか、という問題があります。

ソーシャルネットワーク——教室のイベントにSNSを取り入れるというのは、最近の教育記事や書籍、そして多様なサイトで実践されています。ブログを取り入れた活動（グーグルブログ検索、グーグルリーダー、フリッカーなど）は、私が参観してきた多くの教室で行われていました。こうした形態の会話が、読み手・書き手として生徒の成長にどのように寄与するのか、また内なる「声」を発見し、それを広めていくことにどのような意味をもつのかについて考えていきましょう。

個別の探究——焦点化したテーマ、あるいは広範囲から調査した内容を土台として、よく練って意義深い文章を書かせれば、より深い、協働的な活動ができあがります。生徒は自分の素材を探し、データをもとに書き起こし、さまざまな方法でクラスメイトに発表することでしょう。この種の活動に移行することで、生徒は普段の生活のなかで調査すること、読むこと、書くことへ動機づけされ、自分の「声」をより良く示す方法を見いだすでしょう。

書くことの効率化——書き手を支援するために特化されたコンピューター・プログラムなら、書き手のやる気を高め、退屈だと感じられる作業行程を低減することができます。面倒な操作を省略して、執筆に集中できる態勢を整えてくれます。書くことに困難のある生徒のために、校正、入力した文章の読みあげ、書き直しの提案、特定のジャンルにおけるアイディアのサポートなど、支援プログラムを導入しましょう(14)。

コンピューターの可能性――文章の切り貼り、イラストや図表の挿入、地図のダウンロード、マウスによる描画(びょうが)、校正、本の作成といったテクノロジーは、読み書きを興味の最前線に移行させてくれます。私は、レポートの共有に向けて準備する際、生徒が何時間も取り組んでいる様子を目にしています。成果を書き記し、新たなアイディアを見つけたら書き直しを行い、文章に添える画像を加えるなど、夢中になっていて作業を中断したくないといった様子でした。

(14) マイクロソフト社のワードでも、文章校正など補助的な機能がついています。

第10章

生徒の「声」は評価そのもの

――あなたは生徒の「声」を授業づくり、学級・学校づくりにいかしていますか？

実践例――スコット・ジョンソン校長の学校経営

次の記述は、スコット・ジョンソン校長が八年生に対してインタビューを行っている場面です。学校の時間割の変化に対する意見に耳を傾けています。

インタビュー1

ジョンソン校長　学校でストレスを感じるのはどんなことですか？

生徒A　「その他大勢」でいることです。ありのままに振る舞えば、周りの人がからかってきます。

たとえば、メガネをしていたら周りの人がからかってくるでしょう。新しいメガネなんかをかけたら、陰口を言われるでしょうね。それから、悪い点のテストを持ち帰ったら落ち込んでしまいます。親はこう言うでしょうね。「平均点はどうなっているの？」と。そして、平均点を下回ったら親からストレスをかけられます。見た目とか、着るもので誰かに裁かれるのはまっぴらです。本当のことは隠すようになり、自分が何者であるかについて表に出すことはありません。

インタビュー2

ジョンソン校長　教室で、学びに一番役立つのは何ですか？

生徒B　活動の区切りで、クラスメイトに教えてもらいに行く能力だと思います。多くの場合、先生に尋ねることに時間を使っていますが、友だちに教えてもらうほうが早いです。そのほうが早く終わります。

ジョンソン校長　どうして早く終わるのですか？　先生だって、あなたの疑問に答えられますよね。友だちと何が違うのでしょうか？

生徒B　自分と同じだからだと思います。見る視点によるのでしょう。

ジョンソン校長　あなたと同じような、ほかの生徒とアイディアのやり取りをすることのほうが理解を助けるのですね。

生徒B　そうです。

生徒の意見を取り入れて教師の教え方を変える

スコット・ジョンソン校長は探究していました。どうすれば生徒の思考や学びを可視化し、教師に対して生徒の考えから学ぶ機会を提供できるのか、そして、どうすれば生徒が振り返り、共有し、自分自身と仲間の学びにつなげられるのか、ということです。

「たとえば、動画や写真が生徒の思考や活動を評価する有効な記録であると教師は気づきつつある」と、ジョンソン校長は語ります。こうしたインタビュー記録を通じて、自他の学びと幸せに役立つことは何かという問いに対して生徒は意見をもつようになります。

ジョンソン校長は、次のように問い、生徒の意見を取り入れることにしました。

- 教室で一番学びに役立つのはどんなことですか？
- 助けを必要としているのはどんなところですか？
- 学校でイライラしてしまう原因は何ですか？
- 学校の何が変わることを望んでいますか？
- 教室で本当に楽しく学んでいる状態はどんなときか教えてください。

・自分にとって本当に大切だと思えたことを学んだプロジェクト学習や活動を教えてください。(1)

生徒の考えを引きだし、いかすサイクル

❶私たちは四～八年生の教室を訪れて、次のようなことを話しています。

・生徒自身が自分の学びの舵取りをする大切な存在であるということ。
・自分を一番知っているのは自分自身であること。
・みんなの情報を、みんなの成功につながる授業計画に活用すること。
・生徒自身が教師と学習の視点を共有し、主体的な役割を果たすのが重要であること。
・これらが、生徒のニーズに沿った教え方につながるということ。

私たち教師は生徒を信じていますし、私たちをより良い教師にしてくれる力を生徒がもっていると信じています。私たちは生徒と、「成長マインドセット」と「固定マインドセット」の違いについても話し合っています。(2) しかし、実のところ、生徒に教えるベストの方法は何かという問いに対する教師自身のマインドセットを変化させることこそが目標なのです。

❷黒板に質問が書かれたら、一分間静かに考えて、学校の具体的な例を用いて答えるように生徒に伝えます。一分間黙っていることで、すべての生徒が自分なりの答えにたどり着くチャンス

が与えられます。そのあと、九八ページで紹介した「個別－ペアー－クラスで共有」を行ってアイディアを共有します。教師や私（校長）が教室を巡回し、生徒の答えに耳を傾けます。

❸教室で呼びかけ、校長室でアイディアを録画し、共有してくれる生徒を募ります。すべての録画内容は教師と共有するものであり、生徒のニーズに沿った教え方に改善するためにそれを使うということに関しては生徒も了承しています。

❹教師・スタッフでその動画を視聴します。質疑応答の様子について話し合い、明らかになった生徒のニーズや、問題点を解消するためにどのような過程を踏めばよいのかについて話し合い

（1）プロジェクト学習は、提示された大きなテーマに対して、生徒自身が計画、実践、発表、振り返りなどを行っていく総合的な学習のことです。日本の「総合的な学習の時間」がそれにあたりますが、海外の教育課程では大きな力点が置かれています。そして、計画から振り返りまで、生徒が主体で、あくまでも教師はそのサポートに徹するというところがポイントになっています。現在、プロジェクト学習では三〇年以上の歴史がある実践紹介の本『プロジェクト学習の教え方（仮題）』（スーズィー・ボスほか／池田匡久ほか訳、新評論、二〇二一年近刊）を翻訳していますので、お楽しみに！

（2）これには『マインドセット「やればできる！」の研究』（キャロル・ドゥエック／今西康子訳、草思社、二〇一六年）以外に、『オープニングマインド』（ピーター・ジョンストン／吉田新一郎訳、新評論、二〇一九年）、『マインドセット学級経営』（ヘザー・ハンドレーほか／佐伯葉子訳、東洋館出版、二〇一九年）、『教育のプロがすすめるイノベーション』（ジョージ・クロス／白鳥信義ほか訳、新評論、二〇一九年）が参考になります。

ます。もちろん、個別の生徒の反応や傾向についても話題にしています。

❺毎回の職員会議の初めに、生徒三人のインタビュー動画を視聴し、共有します。そうすることですべての職員が生徒の反応を見ることができますし、生徒目線の情報を得ることができます。そして、生徒の成功にとって教師がもっとも大切な存在であること、教師の影響がとくに低所得家庭にとって重要であることなどを再確認しています。

❻このプロセスは進化を続けています。次のステップは、のちに議論の基準として使える記録となるように、生徒のインタビュー動画や教師と話し合った内容を文章化することとなります。それと、この取り組みが生徒の学力向上にどのような影響を及ぼすのか、またそれをどのように測ればよいのかということについても興味があります。

「声」を用いた評価・評定のアプローチ

評価と評定

教育者として、私たちは今も生徒の成長を測る方法、そして結果を次の実践に結びつけ、生徒が学びについての理解を一層深めることにつながる方法を模索しています。こうした営みの一部として、「評価」と「評定」の二語を理解することが必要となります。

「評価（assessment）」という言葉は、生徒についての情報を集めることを意味します。普段の観察とカンファランス、そして評価リストやテストなどによるものです。したがって「評価」は、生徒にとってもっとも効果的な学び方や教師の教え方を決定するための土台となります。それに対して「評定（evaluation）」は、評価の情報を考えたうえでの教師の価値判断を意味します。[3] 教師は、ある時期における生徒の進歩状態を「評定」したり、特定の時期に習得レベルを「評定」したりしています。

「評定」とは異なり、「評価」は生徒の成長状態に関する現在進行形の観察・分析です。生徒は多様なレベルのリテラシー能力をもっていますし、進歩の度合いも違います。ですから、特定の年齢やレベルを設定したところで、「生徒の出来具合はこれくらいだろう」と見込むことが難しいのです。とはいえ、年齢に関係なく、すべての生徒は分かりやすい発達段階を経て進歩していきます。学びは継続的なものであり、生徒一人ひとりの進歩もまた継続的です。生徒が学校に通うようになったら、観察と分析に基づいた記述をもとにして、個人のポートフォリオ、すなわち成長の記録が満載となった資料をつくるべきでしょう。

（3）日本でいうと、テストの点数、五段階評定など、数値化するのが「評定」に当たります。

授業効果の評価

生徒の成長を「評定」するために集めた情報は、授業の効果を「評定」するものともなります。教師は、「授業の目標は教室でどのくらい実現されているのか？」と自問すべきです。観察や記録、振り返り、分析を通して私たち教師は授業を「評価」し、それに応じて調整を図ります。授業の評価は一人でもできますが、同僚や管理職に入ってもらうといいでしょう。また、ネット上でも、同様の考えをもつ仲間から素晴らしい意見を得ることができます。

過去五〇年くらい「評価」と「評定」については大きく変化しており、概ねよい方向に向かっています。[4] 指導と評価の一体化、そして生徒一人ひとりの成長と評価を結びつけるために、今日の教師には深い共通理解が必要です。観察や評価リスト、テスト、生徒の行動や書いたものなどが、私たちの方向性を決めてくれるのです。[5]

「評価」は、学ぶことと教えることのあらゆる面に大きな影響を与えます。とくに、学ぶことに対する考え方と学習目標への取り組み方に直接的な影響を与えます。ですから、効果的で活気のある授業にするためには、実際の学習の場に即して評価を行うべきです。次のように言い換えることもできるでしょう。

価値のある「評価」や「評定」をするためには、学習の場が、現実世界の経験と結びついた、開かれた教育課程に基づくべきである、と。

評価についての心得

優秀な教師は、常に生徒個人のニーズや能力、興味に応じてサポートを行っています。一方、一部の教師はいつも一斉授業を行っています。

私は、教師が実演する場面がある授業を構想するのが好きです。教師と生徒が情報やアイディアを共有するゼミ方式、グループで特定のやり方やツールを学んでいくワークショップ方式、共有したい事柄のある生徒やゲスト（直接参加、あるいはスカイプ）によるプレゼンテーション、可能なかぎりの頻度で行われるさまざまな振り返り（話し合い・ジャーナルなど）です。そして、もちろん教師が読み聞かせをしたり、歌をリードしたり、体育の時間に走ってみせたり、ビデオ

（4）　日本では、二〇年前から「指導と評価の一体化」や昨今の「入試改革」といった掛け声がありますが、評価と評定は何も変わっていません。「評定」だけが重視され、「評価」に対する理解が欠如していることが、指導の仕方が変わらない原因になっています。

（5）　この部分および次の段落や項目で書かれていることに一番に参考になるのは、『ようこそ、一人ひとりをいかす教室へ』（前掲、北大路書房）、『一人ひとりをいかす評価』（C・A・トムリンソン／山元隆春ほか訳、北大路書房、二〇一八年）、『成績をハックする』（スター・サックシュタイン／高瀬裕人ほか訳、新評論、二〇一八年）です。

を見せたり、スマートボードを使ってやり方を共有したりもしています。

ですが、こうしたなかでも教師は、生徒の振る舞いや態度、一人ひとりの視点などを観察しています。だからこそ、私たちは評価を行うことができますし、学びそのものや学び方の発見、優れた学び手であることの理解を促進するための授業構想ができるのです。

私の目には、生徒をサポートする時機や方法を見つけだそうとしている教師の姿が浮かびます。教育のプロとして、教室のなかで生徒のためにもてるかぎりの力を尽くす、そういう教師の人生を称賛したいと思います。教師が多様に教えるからこそ生徒は多様に学ぶのです。

以下に提示するのは、自分の授業を確認するためのリストです。また、生徒一人ひとりの成長をサポートする教師のために、生徒とのやり取りを改善し、効果的に活用・管理する方法を提供するリストでもあります。

❶生徒一人ひとりのことを知るようにしましょう。今現在できること、スキル、不安材料、才能などです。

❷生徒の学びをサポートし、強化するために、生徒一人ひとりの強みと課題を評価するようにしましょう。

❸生徒のニーズや興味、学び方にあわせて、講義や模範を示す実演や活動を盛り込んでみましょう。

❹教える・学ぶ環境の整備、可能なかぎりの選択の提供など、生徒全員を授業に巻き込むための方法を見つけ、必要に応じて開発しましょう。

❺生徒のリテラシーという課題をサポートするために、新しいディジタル機器を活用しましょう。読み書きのソフト、検索マシン、プリントや作文の読みあげ機能、校正予想変換機能などのことです。(6)

❻足場かけ(7)やスモールステップ、異なる経験レベルの生徒同士で活動する時間などを設けるようにしましょう。

❼クラス全体の場面、ニーズや関心に応じて組まれた小グループの場面、自分のペースや能力レベルにあわせて個人で取り組む場面などを構成しましょう。(8)

❽生徒の成長の度合いに気づき、授業のインパクトを最大化できる代替プログラムを考えるため、「子どもの観察者」であるように努めましょう。(8)

❾習慣や言動を変化させることを恐れず、新たな方法や多様なリソースを探して生徒に届けられ

---

(6)　現在では、特別なソフトがなくても、Word や Google などの拡張された機能で補うことができます。

(7)　生徒が到達してほしい段階に届くように、生徒個人や小グループの学習状況、興味・関心に応じて教師が生徒（たち）の興味がもてる知識・情報・体験、そしてガイドする指導を提供することです。教師がガイドする指導およびカンファランスについては、『「学びの責任」は誰にあるのか』（前掲、新評論）を参照してください。

るよう、絶えず振り返りながら実践を磨き続ける教師でいられるようにしましょう。

❿プロとして、同僚と専門的な会話を交わすようにしましょう。ワークショップに参加しましょう。講座を受けましょう。教育や子どもに関連する雑誌や本、オンライン上の記事も読みましょう。

⓫自分たちの計画に生徒を巻き込み、彼らの声に耳を傾けましょう。授業で生徒のオウナーシップを確保するためです。そうすれば、生徒は自分の関心を示すようになりますし、助けを求めるようにもなります。また、自らの成長に責任をもつことも学ぶでしょう。

⓬学習目標や到達目標、ルーブリック、基準、パフォーマンスなどを使って形成的評価・総括的評価を行い、その評価と計画や授業を一体化させましょう。(8)［参考文献37、56、14］

観察と記録、情報収集の仕方

生徒には、生徒と教師がそれぞれ教室で記録をとり続けている理由を考えさせましょう。生徒は、読んだ本の内容、クラスや家族に向けて書いたり発表したりしたもの、完成した課題、または完成までの計画などを、あとから見返せるように記録しています。教師が記録をとっているのは、生徒の成長を可視化するためであるほか、一人ひとりのニーズや興味関心に気づくためであるということも生徒は理解すべきでしょう。

それらの記録は、教師が授業の仕方を考えるため、課題を設定するため、学習教材を与えるため、グループを決めるため、そして保護者に伝えるためのものとなります。

生徒と教師で課題設定と記録の責任を共有することで、より機能的な環境が生まれます。教師も生徒もニーズを認識し、成功に向けて取り組むからです。注意深く記述された評価は、教師と生徒だけでなく、保護者と管理職に対しても、一人ひとりの成長に関する有益な情報を提供することになるでしょう。

「評価」と最終的な「評定」は異なりますから、教師は日々の観察（教室で生徒のニーズを捉えること）と正式な記録（生徒について保護者や管理職、ほかの教師への報告やコメントをつくる土台となるもの）とのバランスを調整する必要があります。

教師は、教室のさまざまな場面で個別に生徒を観察したり話したりしています。こうした観察

（8）　まさにこれが、二〇年前に文部科学省が「指導と評価の一体化」と言いだしたことです。指導が終わったあとに評価するのではなくて、評価と指導が同時並行的に行われることで、教えることや学ぶことが修正され続ける授業を可能にします。それを実現するための方法を提示している本として、『一人ひとりをいかす評価』（前掲、北大路書房）と『成績をハックする』（前掲、新評論）があります。また、『「学びの責任」は誰にあるのか』（前掲、新評論）と『ようこそ、一人ひとりをいかす教室へ』（前掲、北大路書房）も参照してください。

をもとに、出来具合やスキル、知識、態度、リテラシーの成長、興味関心などを記録しています。それらすべては、生徒の「声の強弱」に関する情報を集めている、とも言えます。

生徒との日々のやり取りや、深い観察に基づいているエピソード記録(9)には、生徒が教室で何をどのように学んでいるのかが表れているものです。多くの教師がこうした瞬間を捉えるためにカードやメモ帳を持ち歩いていますから、そのときが過ぎ去っても、記録は生徒の学習ポートフォリオに入れられます。そして、こうしたデータが生徒についての公式な「評定」を助けることになります。

生徒とのやり取りを撮影した録画を見たり、生徒が活動する様子を観察したりすると、生徒の成長や際立った部分、そして問題行動についての新たな視点が得られます。また、特定の生徒がどのように対処しているのかについても見ることができるでしょう。生徒の行動をコントロールすることから教師が離れたとき、偏見を取り除いた本当の姿が見えてきます。

「声」から見える内面の成長

話すことや聞くこと、そして内なる「声」の成長まで含んで評価するには、さまざまな場面において生徒がどの程度うまくやり取りをしているか、また自分自身の参加の仕方についてどのように感じているのか、ということがポイントとなります。次のような点を考えてみましょう。

COLUMN ▶▶▶ 録音・録画の価値

生徒の活動についての録音・録画の分析をすることで、教師はグループの動きについて深く見ることができますし、生徒個人の強みや課題に気づくこともできます。ドラマ活動などに夢中になっている場面で、教師は録音や録画の有用性をとくに感じることでしょう。

これらの記録は、生徒を把握するためだけではなく、教師の行動やその効果を評価するものでもあります。また、教師自身のカンファランスのスキルを自己評価(*)するのにも役立つでしょう。

（*）すべての評価がそうであるように、評価自体は目的ではありません。目的となるのは、さらに修正・改善することです！

・生徒は、さまざまな授業内容や人間関係のなかでどのように話しているのか。

・学びや思考を深めたり、周囲の人とやり取りをしたりする際、どのような会話や議論の仕方を選んでいるのか。

・特定の状況で、どのようなコミュニケーションをしているのか――おしゃべりからプレゼンテーションなどのきちんとした発表に至るまで。

・さまざまな設定で自信をもって話しているのか――ペア、小グループ、クラス全体、ゲストに対しての読み聞かせ、ロールプレイなどにおいて。

・書面・口頭の両方において、読みとる（聴きとる）力、理解する力、ほかの人の言葉を認識する力はどうか。

---

(9)　生徒の言動の観察や、教師とのカンファランスから見える生徒の気づきや興味関心について記録したものです。

表　進歩する生徒の特徴

社会的な場面（聞き手とかかわる状況）で上手に振る舞う生徒は……
・他者との交際を楽しみ、話す・聞く場面で信頼性や気安さを示す。
・個人的な経験について話し、思いや感情についても話す。
・休み時間でも、学校帰りでも、お昼休みでもほかの人とやり取りをする。
・ゲストも、普段かかわりのない人も歓迎する。
・先生との会話を率先して行う。
・さまざまな場面で、他者と協力／協働する。
・仲間や教師の（あるいは録音されたものも）読み聞かせをきちんと聞く。

協働することが必要な場面（課題に取り組む状況）で上手に振る舞う生徒は……
・学んだことや考えたことのプロセスを話せる。
・メンバーの順番を守って話す。
・課題にかかわることを質問する。
・ブレインストーミングを行い、テーマについて掘り下げる。
・ほかの人の話を踏まえて話す。
・他者の考えを尊重する。
・決定事項とその後の行動について説明ができる。
・いさかいがあっても、仲裁し、解決する。
・代替案を探すことができる。
・話し合いの新しい方向性を提案する。
・話し合いを前に進める。
・既存の情報と新しいものとを関連づける。
・アイディアを修正し、適合させる。
・必要に応じて、グループのリーダー役を引き受ける。
・活動を組み立てる。
・ゲストに対して効果的にインタビューする。
・ドラマ活動では、しっかりロールプレイする。

聴衆がいる状況で上手に振る舞う生徒は……

- グループやクラス全体に向けて情報を発表する。
- 人に教えることができる。
- しっかりアナウンスができる。
- ストーリーや個人的なエピソードを話せる。
- グループ活動について要約し、報告する。
- 読み聞かせの際、個人的な解釈を示せる。
- ブックトークや書評ができる。
- 年齢の異なるペアとも活動できる。
- 交流を効果的にする要素について自覚している。

ここに掲載した**表**は、おしゃべりから「内なる声」に至るまで進歩する生徒の特徴です。

自己評価と相互評価

生徒の学びでは、自己評価と相互評価が重要です。もし、生徒が自分の学習について振り返るように言われたら、観察している教師には見えていない、独自の学びについての気づきが示されることでしょう。健全な学習環境ならば、生徒は話す、読む、書く、ほかの人と協働することが促進されます。また、学習活動のオウナーシップがある状況ならば、話し合いやグループ内でのフィードバックから学びや成長に気づきながら、学習活動を生徒同士でモニター[10]し、評価することでしょう。

(10)「モニター」とは、学習活動全体を見わたし、自分や他者が今どの位置にいるのか、どのくらいうまくやれているのか、次にどうすればよいのか、といったことを客観的に見ることです。

自己評価・相互評価を効果的に活用すれば、課題や学びの種類、学びの段階に応じた確かな評価の助けとなります。それは、標準テストを受けさせるよりも実質的な読み書きの進歩を浮き彫りにします。生徒を評価に参加させる方法としては、カンファランス、ジャーナルへの反応、そして感じ方や態度についてクラスメイトや教師と話し合う振り返りなどがあります。

「自分の考えが評価の役に立っている」という気づきが、生徒を自立的な学び手に導きます。生徒が自分自身の成長に気づき、身につけたことを自覚し、現実的な学習目標を立てることに結びついていきます。

教師は、生徒が学びのプロセスを意識し、進歩をモニターし、未来への計画を立てるよう手助けしましょう。同時に、生徒のニーズや興味関心をチェックし、そうしたニーズにあわせて授業や学習教材を考え、教育効果を評価しましょう。教師と生徒が評価を進めれば進めるほど、カリキュラムは改善されていきます。

実践例——生徒の「声」を評価、活用してカリキュラムを改善する

(ナンシー・シャンクリン先生によるペイジ・ゲイナー先生の実践報告)［参考文献51］

一年の授業がどうだったかということについて生徒から詳細なフィードバックをもらうことは、新任あるいは転勤したばかりの教師にとってはプレッシャーとなるでしょう。ですが、生徒が学

びのオウナーシップをより感じられるという利点がありますし、次年度のカリキュラム作成に役立ちますから、生徒の「声」を参考にすることをおすすめします。

ペイジ・ゲイナー先生は公立中学校の国語教師です。ゲイナー先生の中学校では、一日に二時間、英語（国語）の時間を行うようになっています。二人の教師が担当しており、一時間は読むことに、もう一時間は書くことに当てられています。ゲイナー先生は、六年生と八年生の書くことを担当しています。また、書くことをサポートするものとして「読む」ことも扱っています。

六年生の発言から

ゲイナー先生は、書くことの授業のなかでの好きなこと、そしてどのように成長したいかということについて生徒からフィードバックをもらっています。ゲイナー先生は六年生のフィードバックから、とくに好きな三つの作文形式が、ヒーローのエッセイ、ビジネス文書、詩であることを学びました。

ヒーローのエッセイでは、教師から細部についてのサポートを受けながら、自分が尊敬している人についての作品を書きあげます。ビジネス文書についてゲイナー先生はその授業をやらなくてもいいと思っていたようですが、生徒は、「こうした文書が製品のよさについてどのようにアピールするのか、苦情をどのように持ち込むのか、情報請求の仕方といったことが分かるのでとても学ぶ価値がある」と言っていました。

本当の企業相手に文書を郵送し、回答が来たとき、生徒は大いに盛りあがりました。ゲイナー先生は、回答を受けとることを楽しみにして生徒が企業に向けて文書を書き続けている、と報告しています。

最後の詩に関してですが、年度当初は詩を創作するなんて生徒は思ってもいませんでした。ですが、生徒が詩を試作する際にゲイナー先生がさまざまな形式を教え、完成に導いたのです。

読むことについて、六年生というのは複雑な感情を抱える時期になります。女子は自分たちにもなじみがあり、学びにつながる人間関係についての話や小説を好んで読むようになります。一方、男子は冒険やファンタジーを好みます。男子は、現実の世界についての本ではなく、そこから離れた話を好みます。多くの生徒は読書が本当に好きで、今年読んだ好きな本について語ることができます。とはいえ、やはり嫌いな生徒もおり、よく「ページ数が多すぎるよ」と文句を言っています。

六年生というのは優れた読み手になる途上の時期ですから、読書を楽しむこと、読むスピードと内容理解について向上させることが必要となります。これらの生徒たちのフィードバックから、書くことによって自分の感情を表現したり、発見できるといったことを理解しはじめていることが分かります。

多くの生徒が、書くことによって自分の生活を振り返ることができると気づいています。これら生徒の反応が、ゲイナー先生と同僚の教師が実施に向けて取り組んでいたワークショップの授業づくりに貢献しました。

八年生の発言から

ゲイナー先生は、八年生から別の情報を学びました。生徒は社会正義にまつわる詩、探究学習に基づく意見文、沈黙でのやり取り、現実問題についての調査・課題解決学習を好んでいました。

書くことに関する生徒の意見

「書くことの授業で一番好きなのは、さまざまな形式で楽しいことをなんでも書いていい、という活動です」

「自分が本当に知っていること、分かっていることについて書くときが一番有意義だと思います」

「兄を尊敬しているので、ヒーローのエッセイを書くのがとても好きです」

「書きたいことを書けるときが一番。あるトピックについて書くように言われても、私はうまく書けません。でも、自分自身のストーリーを書くのなら一生懸命できます(11)」

読むことに関する生徒の意見

「毎日三〇分だけ、想像もつかない世界に旅をしています」

「著者は私と同じような経験をもたらしてくれます。それに、よいアドバイスも」

「私にとって意味があり、気になる内容の本を読むことは、表現する気持ちをかき立てるものです。また、自分の心そのものも表現したくなります」

「高いレベルの本で新しい言葉を学べるなら、読書は自分にとって意味があり、身近なものとなります。また、何か興味のあるものを読むのなら、宿題も面白くなります」

書くことと話し合いに関する生徒の意見

「私たちは、この世界で進行しているよくないことについての詩を書きました。身近な話題を表現するいい機会だったので、この詩は気に入っています」

「将来についてのエッセイが面白かったです。望んでいることは何でも言えるし、生みだすこともできるし、理想も語れます」

「私は、調べることが素晴らしい話し合いを生むということを学びました。それが学べたのは、複数のジャンルにわたる調査内容を表現するプロジェクトです」

「調子のいいときは家で文章を書き、すべてを解放して、自分でそれを味わいます」

「話し合いでは、誰もが自分の意見をもつ権利があることを学びました。そして、その意見を変えようとすることも話し合いから学ぶことができるのです」

「今年は、話の流れを止めて徹底して話し合うことが、よい話し合いをするベストな方法だと学びました」

「自分や個性にかかわる本を読んだとき、本当によい読書だったと言えます。読み終えたあと、人生のパズルにこれまでなかったピースがはまったように感じました」

「たくさんの人が登場する話は好きではないのですが、それでも読書をやり遂げました」

「現在の出来事について読む、というのは私にとって意義深いものです。世界がどこに進んでいるのかを『見る』ことができるからです」

「読書は、日々の生活を忘れることができるので好きです。そこでは、私は落ちこぼれではありません。世界を救うスパイだったり、未踏の地への冒険者だったりします。映画や劇をはるかに超えています。読書は冒険の旅なのです」

---

(11)「生徒からのフィードバックを教育活動にいかしていくというのは大切な視点です。とくに〈書くことについての生徒の意見〉を読むと、『書くことが好きだ』と言える生徒を育てられるように授業をしなければいけないと思います。そんなふうに、このフィードバックは我々の教育活動を振り返る指針にもなりうると感じました」というコメントが翻訳協力者から届きました。

これらの生徒が意見を形成し、より多く話し合い、構成的なディベートを行いました。ゲイナー先生は、生徒がこうしたディベートをもっとしたいと思っていることに気づきました。生徒は、ゲイナー先生が傾聴に関するスキルの使い方を教えてくれたことを高く評価していて、今ではみんなの意見を聞くことの価値を理解しています。そして、自分たちの立場・意見を裏づけるために注意深い調査が必要であることもよく理解しています。また、生徒は自分で選んだテーマで書くことを好んでおり、もっと挑戦したいと思っていました。

八年生の読むことについての見方は、今も磨きあげられているところです。みんなが、読むことが意味深く、身近なものになるように望んでいます。読むことは個人の身近にあるもの、または別世界への旅であると言っています。

生徒のフィードバックをもとに、効果的なカリキュラムを形成する

ゲイナー先生が受け取ったフィードバックは、次年度のカリキュラムと生徒たちの学びをより強固なものにするために役立ちました。ほとんどの生徒のフィードバックが前向きなものでしたが、ゲイナー先生は、内向きな生徒や学習に困難を抱えている生徒の意見を知ることに価値を置いています。(12) ゲイナー先生は、六年生にとっては「選択」がとても大事であると気づきましたが、六年生と八年生の教師として、生徒には新たなジャンルに挑戦してもらいたいとも思っています。

ですから、特定のジャンルのなかでの選択を提供しようと思いました。

また、両学年とも話し合いやディベートを好んでいることが分かりました。だからこそ、お互いの話を傾聴することや根拠に基づいて発言する方法を教えること、そしてすべての生徒が安心して話し合いやディベートが行える仕組みをつくるための努力も同じくらい必要であると、ゲイナー先生は認識することができました。

生徒の成功をサポートする一番の方法は、毎日教室で生徒が主体的に読み書きに取り組むなかにおいて、教師がサポートして、少しずつ足場をかけてあげ、成長を促すことだ、とゲイナー先生は確信しています。[13] 実際、ゲイナー先生は、生徒の読み書きにおいて「失敗」させるべきではないと考えています。

リーディング・ワークショップ、ライティング・ワークショップなど、生徒が自立的に読み書

---

(12)　これらは、どの教師もが抱える課題だと思います。現在、『静かな子（仮題）』（前掲、新評論、二〇二一年予定）と『挫折ポイント』（アダム・チェイバーリンほか／福田スティーブほか訳、新評論、二〇二一年予定）を翻訳中ですのでご期待ください。

(13)　失敗の捉え方については、『あなたの授業が子どもと世界を変える』（ジョン・スペンサーほか／吉田新一郎訳、新評論、二〇二〇年）の第9章「私たちの学びのストーリーには、『失敗』ではなく『失敗すること』が含まれるべき。これら二つには大きな違いがある」をぜひ参照してください。

きを深める学習においては、質問がある生徒をすぐにサポートするため、教師が十分な時間を設けることが大切となります。また、出口チケット[14]は、授業終了時にでも生徒がまだもっている疑問を知り、誤りを修正する助けとなります。もし、授業がうまくいかなかったときには、ゲイナー先生は話をよく聞いてアドバイスをくれる同僚と振り返りを行っています。そして、思い込みを捨て、挑戦を続けているのです。

生徒のコメントを聞けば聞くほど、どれが次年度に継続すべき活動で、どれは組み直したほうがいいのかということが分かります。彼女が所属する学校では、生徒が多様になるにつれて教師は、三つの「R」、すなわち主体的でやりがいのある学び（Rigor）、人間関係（Relationships）、生徒たちとの関連（Relevance）を満たすようなカリキュラムを組み立てることを目指して話し合っています[15]。生徒の生の「声」から、ゲイナー先生は実際にこうしたカリキュラムを組み立て、生徒の学びのニーズにあった改良を加えるアイディアを得ています。ゲイナー先生は、生徒に実りある学びをもたらす、優れた効果的な教師になりつつあります！

【生徒の「声」を評価に取り入れる際の振り返り】

多くの保護者が、概ね次の三つの質問による評価を期待しています。

①「うちの子は学校でうまくやれていますか？」

保護者は、「得点」を表す「数字（五段階の評定など）」や「記号（ＡＢＣの評価など）」といったものを求めるものです。実際の活動例や録音、録画、生徒が「出版」した本[16]、読書の記録、作文フォルダーなど、確かな成長を示しているすべてのものを活用して、生徒の様子を説明しましょう。

生徒の成長に関する確かな証拠を保護者に見せれば、絶対的な「得点」を気にかけることが少なくなるでしょう。また、生徒が活動中に見せる興味・関心、熱意なども示すことができます。学校によっては、生徒も含めた保護者面談を行っています。生徒が評価に参加すること、保護者に自分の成長の様子を示すことが当たり前となっています[17]。

---

(14)　授業の終わりに振り返りや疑問などを書いて教師に提出する小さな紙片のことです。アンケート用紙ではない、チケットサイズの小さな紙であるところがミソです！

(15)　ここに掲げられている三つの「R」は、日本の文部科学省が言い出した「主体的・対話的で深い学び」とまるで同じです！

(16)　「出版」はライティング・ワークショップなどで用いられる書くことの段階の一つで、自分の書いた作文をなんらかの手段でほかの人に公開できる状態にすることです。『ライティング・ワークショップ』（前掲、新評論）、『作家の時間』（前掲、新評論）を参照してください。

②「うちの子はほかの子どもと比べてどうですか？」

テストの点数によって、他校あるいは他の街、国、ましてやクラス内の生徒と比較することが生徒の理解にはあまり役立たないということを保護者に説明するべきです。本当に大切なのは、生徒が自らの学習環境のなかでどのように成長しているかということです。

保護者と教師の面談は前向きな姿勢で行い、いかにして保護者、教師、そして生徒がいっしょに成長を続けるかということを中心テーマにして話し合いましょう。

③「うちの子は合格できますか？」

多くの保護者は、学習とは、ある学年までに決められた学習内容や領域をマスターすることだと思い込んでいます。合格、不合格の概念は、「生徒が進級するためには、ある内容領域に対する必要十分な評価規準を満たさなくてはならない」という前提に基づいたものなのでしょう。

体験と指導によって生徒の学ぶスピードには大きな差がある、ということを保護者に理解してもらうようにしましょう。「うちの子は合格できますか？」という質問自体に問題があると気づいてもらいましょう。次のように言い換えてもいいかもしれません。

「あなたのお子さんがベストを尽くせるために、どのようなサポートをすればよいでしょうか？」

・教師がより良く生徒の成長を表現すれば、保護者はさらに教師や学校をサポートしてくれるでしょう。どのような評価リスト、観察方法、指導方法が生徒一人ひとりの継続的な評価の切り口として有効であるか、また生徒の出来具合を保護者に報告するための評定を書くのに有効であるかについて、じっくりと検討して判断しましょう。

・保護者面談のために、前もって生徒の成長を示すことを目的として、作文ファイル、読書メモ、教室での活動録画などを準備している教師もいます。時には、生徒を面談に参加させています。こうしたやり方は、あなたの学校の保護者面談でも活用することができますか？　保護者面談で課題となったことを出発点として、個別のお便りや学級だより、成績表の言葉、あるいは生徒の自己評価などを用いて、今後も保護者と継続的なやり取りができますか？

・現在、標準テストを使用するなどして学校共通の評価を行うこともあります。このような学校全体の評価から得られたことを、生徒の言語能力や生徒の可能性について話し合う題材として活用することができますか？[18]　こうした資料をさらに解釈して、今後の成長の出発点とすることができますか？

---

(17)「生徒中心の三者面談」については、『増補版「考える力」はこうしてつける』（前掲、新評論、一六八～一七〇ページ）で紹介されています。

・本章で示したのは、私たち教師に足りなかった読み書きの成果に関する評価方法です。教師であれば、文章をちょっと読んだだけでも、書き手としての成長をつぶさに評価することができます。作文のどういうところに着目すればよいか、いいところが見つからなかったらどうするか、ということもお分かりでしょう。生徒とカンファランスをするときも、保護者と面談するときも、プロとしての自信をもって行ってください。

・あなたや同僚の先生は、学校の一員として生徒の内なる「声」を尊重し、生徒一人ひとりの学びの成長を知り、学びの担い手として思考や感情を発見し、表現させ、その学びに寄与することができていますか？

---

(18) 日本では、学校の定期考査・実力考査などを終えたあと、その点数は「ものさし」として他との比較、入試への参考にしていると思います。日本の進学制度が入試（テスト）に基づいているという前提があるからです。しかし、生徒の継続的な成長のための評価材料として実際に活用することは少ないのではないでしょうか。現在は、テスト以外のさまざまな評価方法が提案されています。『テストだけでは測れない！　人を伸ばす「評価」とは』（吉田新一郎、NHK生活新書、二〇〇六年）や『一人ひとりをいかす評価』（前掲、北大路書房）、『成績をハックする』（前掲、新評論）などを参照してください。

訳者あとがき

私は公立中学校の教員です。日々、より良い授業や活動を求めています。本書には、私たちのなじみの薄い海外の授業実践が綴られていますが、そこを貫く気持ちは同じです。生徒がいきいきと学び、自立した一人の大人となるためにサポートをすることが私たち教員の仕事です。その根本さえ踏まえれば、これまでの常識を超えた授業ができるはずです。

キーワードとなるのは「声」です。現代は、声が上げにくい時代であると感じます。社会のなかでは、その場にあった発言をしないと「空気が読めない」と思われてしまいます。それを恐れて声を発しない、また、ほかの人に同調する傾向が強くなっています。

インターネットやＳＮＳの世界では、名前や顔が出ないことを盾にして、強烈な批判や攻撃が繰り返されています。自分もまた叩かれるのではないかと恐れ、やはり声を発することができなくなります。時代が進み、インターネット、ソーシャルメディアの発展によって一人ひとりが声を上げやすい状況になったはずなのに、以前より言いたいことが言えない世の中になってきているのではないでしょうか。

こうした風潮を変化させるためには、健全に「声」を発し、しかもそれが成功するという体験が必要だと思います。それを練習する一番の場所といえば、やはり学校となります。

みなさんが学校に通っていたころを思い出してみてください。元気よく手を挙げて、自信をもって自分の考えを言えたのは小学校の最初のころだけだったのではないですか。年齢が上がるにつれ、間違いを恐れて発表ができなくなり、一部の子どもだけが正解を言って授業が進む、そんな光景に当時は慣れてしまったのではないでしょうか。

間違ってもいいから言ってみる、自分の考えを試してみるといった経験が、学年が上がるたびにできなくなっていきます。そうして、「声」を発することはおろか、自分に「声」があることすら見失ってしまったのではないかと思います。

そして、学校を卒業して大人になると、前述したような「空気を読む、忖度を求める社会」に突入していくことになります。このような循環を、変えなければいけません。

共訳者である吉田新一郎さんからは、「できることから少しずつ」というアドバイスをよくもらいます。本書には、学校でできそうなことのヒントがたくさん書かれています。作文、読書、知識の理解、情報の発信・受信、学級づくり、異学年交流、地域や保護者との連携、学校経営まで多岐にわたります。日本の学校の常識では考えにくいこともありますが、やってみたい実践がきっと見つかるはずです。「できることから少しずつ」、みなさんも挑戦してみてください。

私自身、自分の「声」に応じて、「できることから少しずつ」よりも良いものを求めて実践を重ねているところです。そうすると、私の生徒も「こうやってもいいですか?」とか「私はこういうふうに表そうとしているんですけど……」と、少しずつですが「声」が上がるようになりました。生徒もまた、「できることから少しずつ」変わろうとしているのでしょう。これからも、そんな営みを大切にしていきたいと強く感じています。

本書が、みなさま自身の「声」に耳を傾け、そしてみなさまの目の前にいる子どもの「声」に耳を傾けるきっかけとなることを願っています。なお、本書の実践や事例の一部は、日本の文化や学校教育になじまないものであると判断して割愛いたしました。御了承ください。

最後になりますが、本書の企画を快く引き受けてくださった新評論の武市一幸様、本書の作成にご協力をいただいた久能潤一様、佐藤可奈子様、澤田英輔様、菅原香織様に深く感謝の意を示したいと思います。みなさまのおかげで本書を翻訳、出版することができました。本当にありがとうございました。

二〇二一年一月

飯村寧史

⑮Wiesner, David. Tuesday,『かようびのよる』（デヴィッド・ウィーズナー、当麻ゆか訳、徳間書店、2000年）

⑯Wilhelm, Jeffrey. "*You Gotta BE the Book.*" New York: Teachers College Columbia University, 1997.（引用は、49ページ）

⑰Wilhelm, Jeffrey. "Learning to Listen to Student Voices: Teaching with Our Mouths Shut." *Voices from the Middle* 18, no. 3 (2013): 49–52.（引用は、51ページ）

⑱Wilkinson, Andrew M. *Spoken English* [Issue 2 of *Educational Review*]. Birmingham: University of Birmingham, 1965.

⑲Yolen, Jane. *Children of the Wolf.* London: Puffin Books, 1993.『ジャングルとの別れ　狼に育てられた少女』（ジェイン・ヨーレン、真方陽子訳、すぐ書房、1993年）

Research Quarterly" (2001), p.71.
㊿Spinelli, Jerry, Maniac Magee『クレージー・マギーの伝説』ジェリー・スピネッリ作、菊島伊久栄訳、偕成社、1993年
54Styles, Donna. *Class Meetings: Building Leadership, Problem-Solving and Decision-Making Skills in the Respectful Classroom.* Markham: Pembroke Publishers, 2001.
55Taylor, Philip. "Storydrama: The Artistry of David Booth." *NADIE Research Monograph Series* 1, no. 1 (1995): 33–49.
56Tomlinson, Carol A. *Fulfilling the Promise of the Differentiated Classroom.* Alexandria, VA: Association for Supervision and Curriculum Development, 2001.
57Tovani, Cris. *I Read It, but I Don't Get It: Comprehension Strategies for Adolescent Readers.* Portland, ME: Stenhouse Publishers, 2000.
58Tovani, Cris. *Do I Really Have to Teach Reading?* Portland, ME: Stenhouse Publishers, 2004.
59Tovani, Cris. *So What Do They Really Know?* Assessment That Informs Teaching and Learning. Portland, ME: Stenhouse Publishers, 2011.
60Vaughn, Brian K. *Finding Freedom: The Pride of Baghdad.* New York: Vertigo Publishers, 2008.
61Viorst, Judith, Alexander and the Terrible, Horrible, No Good, Very Bad Day
62Voigt, Cynthia. Izzy, Willy-Nilly, Atheneum Books for Young Readers, 2010.
63Wallace, Ian. *Boy of the Deeps*, Reprint ed. Toronto:Groundwood Books, 2005.
64Walters, Eric. Three on Three, Orca Book Publishers, 2010.

㊸Ontario Ministry of Education. *Participatory Voices*. Toronto: Education Minister's Student Advisory Council, 2011-12.

㊹Ontario Ministry of Education. *Oral Language*. Vol. 4, *A Guide to Effective Literacy Instruction, Grades 4 to 6*. Toronto: Ontario Ministry of Education, 2008.

㊺Ontario Ministry of Education. *Viewer's Guide: Discovering Voice*. Toronto: The Literacy and Numeracy Secretariat, 2011.

㊻Paulsen, Gary. "Tuning." In *The Winter Room*. Markham: Scholastic Paperbacks, 2009.

㊼Penny, Louise. *Bury Your Dead*. New York: Little, Brown, 2011.

㊽Peterson, Shelley Stagg. "Improving Student Writing: Using Feedback as a Teaching Tool" (Research Monograph no. 29). *What Works? Research into Practice* [Literacy and Numeracy Secretariat] (October 2010): 1–4.

㊾Rowsell, Jennifer. "Using Student Voices to Guide Instruction." *From the Middle* 19, no. 3 (March 2012): 27–29.

㊿Scheffel, Tara-Lynn, and David Booth. "Towards Literary Growth and Community Participation: Lessons Learned from a Shared Book Experience in One Northern Ontario Community." Literacy Learning: *The Middle Years* 21, no. 2 (June 2013): 35–40.

51 Shanklin, Nancy, and Paige Gaynor. "New Puzzles, Next Moves: Assessing and Using Students' Voices to Improve Your Curriculum." *Voices from the Middle* 18, no. 3 (March 2011): 57–60.

52 Sperling, Melanie, and Deborah Appleman, "Reading

Portsmouth, NH: Boynton/Cook, 2000.
㉝Fletcher, Adam. *Meaningful Student Involvement:Research Guide*. Olympia, WA: The FreeChild Project, 2004.（引用は、２ページ）
㉞Fletcher, Ralph. *A Writer's Notebook*. New York:Harper Collins, 2003.
㉟Glass, Jennifer, Joan Green, and Kathleen G. Lundy. *Talking to Learn*. Toronto: Oxford University Press, 2011.
㊱Hargreaves, Andrew, and Dennis Shirley. "The Fourth Way of Change." *Educational Leadership* 66, no. 2 (October 2008): 56–61.
㊲Hume, Karen. *Start Where They Are: Differentiating for Success with the Young Adolescent*. Toronto: Pearson Publishers, 2007.
㊳Hume, Karen, and Gordon Wells. "Making Lives Meaningful: Extending Perspectives." In *Building Moral Communities through Educational Drama*, edited by Betty Jane Wagner, 63–95 (Stamford, CT:Ablex Publishing, 1999).
㊴Hutchison, David. *Enhancing Literacy Skills through Digital Video Production*. Toronto: Literacy and Numeracy Secretariat, Ontario Ministry of Education, 2011.
㊵Krueger, Kermit. *The Golden Swans*. The World Publishing Company, 1969.
㊶Lord, Cynthia. Rules. Scholastic Paperbacks, Reprint edition, 2008.
㊷Meyer, Stephenie. Twilight. Fazi Editore, 2006.『トワイライト』ステファニー・メイヤー著　小原亜美訳　ヴィレッジブックス、2008

Education, 2009.
㉓Christensen, Linda. "Finding Voice: Learning about Language and Power." *Voices from the Middle* 18, no. 3 (March 2011): 9.
㉔Clements, Andrew, The Landry News『こちら「ランドリー新聞」編集部』アンドリュー・クレメンツ作、田中奈津子訳、講談社、2002年
㉕Cooper, Susan. *The Selchie Wife*. New York: Margaret K. McElderry Books, 1986.
㉖Cummins, Jim. Keynote speech at the National Association for Bilingual Education (NABE) 2012 Conference, in Dallas, TX, February 15–17.
㉗Daniels, Harvey. *Literature Circles: Voice and Choice in Book Clubs and Reading Groups*, 2d rev. ed. Portland, ME: Stenhouse Publishers, 2002.
㉘De Paola, Tomie, Strega Nona『まほうつかいのノナばあさん』トミー・デ・パオラ作・絵、さくらいえりこ訳、大日本絵画、2009年
㉙Dinny, B., H. Bryce, C. Combs, and A. Lacey, eds. *Family Stories from Lord Dufferin Public School*. Toronto: Toronto District School Board, 1999.
㉚Carrick, Donald. *Harald and the Giant Knight*. NewYork: Houghton Mifflin, 1982.
㉛Elliott-Johns, Susan E., David Booth, Enrique Puig, Jennifer Rowsell, and Jane Paterson. "Using Student Voices to Guide Instruction." *Voices from the Middle* 19, no. 3 (March 2012): 25–31.
㉜Finkel, Donald. *Teaching with Your Mouth Shut*.

教育実践ガイド』（デイヴィッド・ブース、中川吉晴ほか訳、新評論、2006年）

⑬Booth, David. "Read Me a Story, But Plug It in First!" In *Books Media & the Internet*, edited by Shelley S. Peterson, David Booth, and Carol Jupiter, 183–188. Winnipeg:Portage & Main Press, 2009.

⑭Booth, David. *Whatever Happened to Language Arts?* Markham: Pembroke Publishers, 2009.

⑮Booth, David. *It's Critical! Markham*: Pembroke Publishers, 2008.

⑯Booth, David. *Caught in the Middle*. Markham: Pembroke Publishers, 2011.

⑰Booth, David, and Bob Barton. Story Works. Markham: Pembroke Publishers, 2002.

⑱Booth, David, Joan Green, and Jack Booth. *I Want To Read! Reading, Writing & Really Learning*. Oakville, ON:Rubicon Publishing, 2004.

⑲Booth, David, and Masayuki Hachiya, eds. *The Arts Go to School*. Markham: Pembroke Publishers, 2004.

⑳Cain, Susan, Quiet : the power of introverts in a world that can't stop talking『内向型人間の時代―社会を変える静かな人の力』（スーザン・ケイン、古草秀子訳、講談社、2013年）

㉑Cambourne, Brian. *The Whole Story: Natural Learning and the Acquisition of Literacy in the Classroom*. Jefferson City, MO: Scholastic Publishers, 1988.

㉒Campbell, Terry, and Michelle Hlusek. *Storytelling and Story Writing* (Research Monograph no. 20). Toronto: The Literacy and Numeracy Secretariat, Ontario Ministry of

参考文献リスト

①Alexander, Robin. *Essays on Pedagogy*. York: Dialogos, 2008.

②Alexander, Robin. "Culture, Dialogue and Learning: Notes on an Emerging Pedagogy." Keynote Address for the Tenth International Conference of the *International Association for Cognitive Education and Psychology*, University of Durham, 12 July 2005.

③Applegate, Katherine. *Home of the Brave*, reprint ed. New York: Square Fish, 2008.

④Atwell, Nancie. *In the Middle*. Portsmouth, NH:Heinemann Educational Books, 1998.『イン・ザ・ミドル』(ナンシー・アトウェル、小坂敦子ほか訳、三省堂、2018年)

⑤Banks, Russell. *Rule of the Bone*. New York: Harper, 1995.

⑥Barnes, Douglas. *From Communication to Curriculum*. Harmondsworth, UK: Penguin, 1976.

⑦Barton, Robert, and David Booth. *Poetry Goes to School*. Markham: Pembroke Publishers, 2004.

⑧Barton, Myra Barrs, and David Booth. *This Book Is Not about Drama*... Markham: Pembroke Publishers, 2012.

⑨Bignell, Carole. "Talk in the Primary Curriculum." *Literacy* 5, no. 46 (2011): 48–55. doi:10.1111/j.1741-4369.2011.00602.x.

⑩Booth, David. *Classroom Voices: Language-BasedLearning in the Elementary School*. Toronto: HarcourtBrace, 1994.

⑪Booth, David. *Even Hockey Players Read*. Markham: Pembroke Publishers, 2002.

⑫Booth, David. Story Drama, 2d ed. Markham: Pembroke Publishers, 2005.『ストリードラマ——教室で使えるドラマ

訳者紹介

飯村寧史（いいむら・やすし）

仙台市公立中学校教員。在職派遣研修で上越教育大学教職大学院に在学中、生徒主体の学習、学校業務の可視化について研究。同時期に、海外の教育実践に興味をもつ。現在、国語科の授業で海外の実践を取り入れながら生徒主体の学習に挑戦中。日々、生徒の成長、可能性を実感している。

吉田新一郎（よしだ・しんいちろう）

授業や学校は本来、子どもたちの「声（考え、想い、主張）」をもとに運営されているはずですが、なかなかそうはなっていません。本書には、それを実現してより良い授業や学校にするための具体的な手立てがたくさん紹介されています。ぜひ、できることから（あるいは、多少アレンジして）取り組んでください。問い合わせは、pro.workshop@gmail.comにお願いします。

私にも言いたいことがあります！
——生徒の「声」をいかす授業づくり——

2021年2月25日　初版第1刷発行

訳者　飯村寧史
　　　吉田新一郎

発行者　武市一幸

発行所　株式会社 新評論

〒169-0051
東京都新宿区西早稲田3-16-28
http://www.shinhyoron.co.jp

電話　03(3202)7391
FAX　03(3202)5832
振替・00160-1-113487

落丁・乱丁はお取り替えします。
定価はカバーに表示してあります。

印刷　フォレスト
装丁　山田英春
製本　中永製本所

Printed in Japan
ISBN978-4-7948-1175-2

新評論　好評既刊　あたらしい教育を考える本

M・ラッシュ／長﨑政浩・吉田新一郎 訳

退屈な授業をぶっ飛ばせ！

学びに熱中する教室

教室の変革を映画のように生き生きと描く教育ドキュメント。
小学校から大学まで幅広く応用できるヒントが詰まった1冊。

四六並製　328頁　2500円　　ISBN978-4-7948-1165-3

W・L・オストロフ／池田匡史・吉田新一郎 訳

「おさるのジョージ」を教室で実現

好奇心を呼び起こせ！

人が本来持っている好奇心を刺激し、最大限に発揮することで
学ぶ喜びを増幅する33の画期的方法！教員必読の授業ガイド。

四六並製　342頁　2500円　　ISBN978-4-7948-1162-2

M・バーンズ＋J・ゴンザレス／小岩井 僚・吉田新一郎 訳

「学校」をハックする

大変な教師の仕事を変える１０の方法

時間に追われるだけの場所から、学びにあふれた空間へ！
いまある資源を有効活用するための具体的アイディア満載。

四六並製　224頁　2000円　　ISBN978-4-7948-1166-0

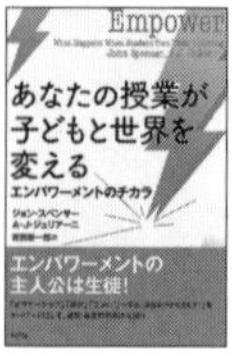

J・スペンサー&A・J・ジュリアーニ／吉田新一郎 訳

あなたの授業が子どもと世界を変える

エンパワーメントのチカラ

生徒たちと学びつづけてきた誠実な“先輩”からの最良の助言。
「権限」「選択」「主体性」を軸とした最新・最良の授業法！

四六並製　288頁　1800円　　ISBN978-4-7948-1148-6

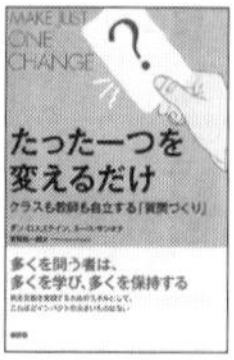

D・ロススタイン＋L・サンタナ／吉田新一郎 訳

たった一つを変えるだけ

クラスも教師も自立する「質問づくり」

質問をすることは、人間がもっている最も重要な知的ツール。
大切な質問づくりのスキルが容易に身につけられる方法を紹介！

四六並製　292頁　2400円　　ISBN978-4-7948-1016-8

＊表示価格はすべて税抜本体価格です